Bernhard Knierim
OHNE AUTO LEBEN

für Lelia Maria

Bibliografische Information der Deutschen Bibliothek:
Die Deutsche Bibliothek verzeichnet diese Publikation in der Deutschen
Nationalbibliografie. Detaillierte bibliografische Daten sind im Internet über
http://dnb.ddb.de abrufbar.

© 2016 Promedia Druck- und Verlagsgesellschaft m.b.H., Wien
Alle Rechte vorbehalten
Druck: CPI – Clausen & Bosse, Leck
Printed in Germany
ISBN: 978-3-85371-413-3

Fordern Sie unsere Prospekte an:

Promedia Verlag
Wickenburggasse 5/12
1080 Wien
Österreich

E-Mail: promedia@mediashop.at

Internet: www.mediashop.at
               www.verlag-promedia.de

Bernhard Knierim

OHNE AUTO LEBEN

Handbuch für den Verkehrsalltag

Über den Autor

Bernhard Knierim, Jahrgang 1978, studierte an der Humboldt-Universität Berlin Biophysik. Nach der Promotion arbeitete er am Lawrence Berkeley National Laboratory in Kalifornien an der Entwicklung von Biokraftstoffen der zweiten und dritten Generation mit. Neben der wissenschaftlichen Arbeit befasst er sich mit Verkehrspolitik. Seit 2006 ist er im Bündnis »Bahn für Alle« gegen die Privatisierung der Deutschen Bahn aktiv und arbeitet daneben zu Fragen der urbanen Mobilität und der Energiebilanz unterschiedlicher Verkehrsträger. 2011 war er an der Gründung des Netzwerks »Solidarische Mobilität« beteiligt. 2015 begründete er das europäische Netzwerk »Back on Track«, das sich für den Bahnverkehr in ganz Europa einsetzt. Er schreibt außerdem regelmäßig für die Zeitschriften *Lunapark 21* und *Mobilogisch!* und ist nebenberuflich in der Erwachsenenbildung tätig.

Im Promedia-Verlag erschien im Jahr 2013 sein Buch »Essen im Tank«, im Jahr 2014 veröffentlichte er gemeinsam mit Winfried Wolf das Buch »Bitte Umsteigen! 20 Jahre Bahnreform«.

Inhaltsverzeichnis

Vorwort

Ein Handbuch für autofreies Leben – das klingt für manche vielleicht etwas absurd. Schließlich ist das Auto aus unserem Alltag kaum wegzudenken. Andererseits: Noch vor 100 Jahren lebten die Menschen ohne Auto, und sie waren dennoch nicht immobil. Es ist also zumindest legitim zu fragen, wie das Auto diese steile Karriere hingelegt und diese enorme Bedeutung für unsere Mobilität gewonnen hat. Und es ist auch sinnvoll darüber nachzudenken, welche Konsequenzen diese Karriere des Autos für unser Leben hat.

Eine Studie des deutschen Umweltbundesamtes zeigte kürzlich, dass 82 Prozent der Deutschen den Wunsch hegen, unsere Städte und Gemeinden mögen so umgestaltet werden, dass man kaum noch auf das Auto angewiesen ist, sondern alle Wege zu Fuß, mit dem Fahrrad oder mit öffentlichen Verkehrsmitteln zurücklegen kann.[1] Ein spannendes Ergebnis, hieß es bislang doch immer, es müssten mehr und mehr Straßen gebaut werden, weil die Leute dies wünschten. Tatsächlich scheinen die Vorstellungen der Bevölkerung von ihrem zukünftigen Lebensumfeld aber in eine ganz andere Richtung zu gehen – auch wenn sich das in der Infrastruktur und dem Straßenbild bislang kaum widerspiegelt. Steht das Leben mit weniger oder sogar gar keinem Auto vielleicht doch für die Zukunft der Menschheit?

Zumindest zeichnet sich ab, dass das Auto in der Generation der heute Unter-40-Jährigen nicht mehr die Rolle spielt, die es für ihre Eltern noch hatte. Viele sind sehr viel pragmatischer unterwegs und wählen ihr Verkehrsmittel wechselnd nach der Praktikabilität aus. Die Autoeuphorie der Nachkriegsgeneration ist ihnen fremd.

Ich habe selbst mein ganzes bisheriges Leben ohne eigenes Auto verbracht. Hier in Europa, zumal in einer großen Stadt, ist das gut möglich und weitgehend akzeptiert, auch wenn es manche für etwas merkwürdig halten. Als ich jedoch vor einigen Jahren längere Zeit in Kalifornien lebte, machte mich das autolose Leben zu einem echten Exoten. Dort sind die gebauten Strukturen noch sehr viel mehr auf das Auto ausgerichtet – und entsprechend absurd ist die Vorstellung, komplett auf ein eigenes Auto zu verzichten. Unser Glück in Mitteleuropa besteht darin, dass es zumindest Alternativen gibt und dass diese auch meistens recht gut funktionieren.

Genau diese Alternativen möchte ich in meinem Buch auch Menschen näherbringen, deren Mobilität bislang überwiegend vom Auto abhing. Ich möchte Möglichkeiten präsentieren, wie man von der Auto-Abhängigkeit wegkommen kann und dennoch ein ziemlich bequemes – und in mancher Hinsicht vielleicht komfortableres – Leben führen kann.

Im ersten Teil des Buches wird die Problemlage skizziert und darauf eingegangen, warum wir mit unserer Mobilität nicht einfach so weitermachen können wie bisher. Dabei wird auch die Karriere des Autos zum scheinbar unverzichtbaren Verkehrsmittel analysiert und seinen wahren Kosten gegenübergestellt.

Der zweite Teil ist das Herzstück des Buches: Hier finden die Leserinnen und Leser eine Vielzahl von ganz konkreten Tipps, wie man all die Wege, die man bisher nur mit dem eigenen Auto erledigen mochte, auch anders bewältigen kann. Diese Lösungen funktionieren nicht für jede und jeden gleichermaßen, sondern sollen als Vorschläge verstanden werden.

Weil die individuellen Handlungsänderungen aber nicht ausreichend sind, geht es im dritten Teil des Buches um die ebenfalls notwendigen Änderungen in der Politik. Letztlich benötigen wir nicht nur eine Verkehrs-, sondern eine echte Mobilitätswende. Diese zu schaffen und von der Vorstellung des immer weiter fortgesetzten Wachstums wegzukommen, ist eine der wichtigsten Aufgaben für die Zukunft.

Ich möchte mich herzlich bei meiner Familie, ganz besonders meiner Frau Simone Holzwarth, bedanken, die mir die Zeit zum Schreiben dieses Buches ermöglicht hat. Ebenfalls bedanken möchte ich mich beim Verein *Autofrei leben!*, bei denen ich viel Material gefunden habe, und bei allen politischen Weggefährtinnen und -gefährten, mit denen ich diese Themen immer wieder diskutiere. Und ein besonderer Dank geht an Stefan Kraft vom Promedia Verlag für seinen Beitrag zur konzeptionellen Entwicklung des Buches sowie das Lektorat.

Bernhard Knierim,
Berlin, im August 2016

1. Warum wir mit dem Auto nicht mehr weiterkommen

1.1. Unsere Mobilität muss sich ändern

»Die Mobilität, wie wir sie heute praktizieren, ist nicht zukunftsfähig.«
Horst Köhler (damals deutscher Bundespräsident) bei der
ADAC-Preisverleihung »Gelber Engel« am 14. Januar 2010

»Die formulierten Klimaziele von 50 Prozent Reduktion bis zum Jahr 2020
und 80 Prozent bis zum Jahr 2050 sind für den Verkehrsbereich so ersichtlich
mit der verkehrspolitischen Realität inkompatibel, dass für eine ernsthafte
Diskussion die Bezugspunkte fehlen.«
Enquete-Kommission »Nachhaltige Energieversorgung« des
Deutschen Bundestages, 2002

Wir sind alle immer mehr und immer schneller unterwegs. Noch keine
Generation vor uns pendelte so weite Strecken zur Arbeit, kaufte so weit
entfernt ein und flog mehrmals im Jahr in den Urlaub. Für viele von uns
ist das alles heute selbstverständlich – in anderen Teilen der Erde wirkt
es aber wie ein Konzept von einem anderen Stern. Ein durchschnittli-
cher Mensch in Deutschland legt heute ungefähr 40 Kilometer am Tag
zurück. Pro Jahr sind das fast 15.000 Kilometer – und auf ein Leben von
80 Jahren gerechnet 1,2 Millionen Kilometer. In anderen mitteleuropäi-
schen Ländern fallen die Zahlen ähnlich aus. Noch vor weniger als 100
Jahren legten unsere Vorfahren im Schnitt gerade einmal ein Zehntel
dieses Wegs zurück.

Der Treiber dieser Entwicklung ist das, was wir landläufig den »technischen Fortschritt« nennen, im Bereich der Mobilität an erster Stelle das Auto: Über 80 Prozent des Verkehrs besteht heutzutage aus Autoverkehr. Der Fuß- und Fahrradverkehr sowie der öffentliche Verkehr sind im Vergleich dazu stark ins Hintertreffen geraten. Diese Entwicklung begann schon in den 1920er-Jahren, als private Automobile aufkamen, aber zuerst noch ein Privileg einiger weniger Reicher waren. In den 1930er-Jahren kam dann die Idee der »Volksmotorisierung« auf, die sich die Nazis auf die Fahnen schrieben. Nach dem Zweiten Weltkrieg erfolgte die Massenmotorisierung in Europa – im Wirtschaftswunder-Deutschland vor allem verbunden mit dem VW Käfer, der nun tatsächlich zum »Volkswagen« wurde. Die Zahl der Autos explodierte in dieser Zeit geradezu, und parallel wurden immer mehr Straßen und Autobahnen gebaut. Beides bedingte sich gegenseitig: Mehr Straßen wurden für die immer größere Anzahl an Autos gebraucht. Gleichzeitig machten sie aber die Nutzung des Autos auch attraktiver, so dass immer mehr davon gekauft wurden. Dieser Teufelskreis ist bis heute ungebrochen. Inzwischen fahren über 50 Millionen Kraftfahrzeuge auf deutschen Straßen, in Österreich 6,5 Millionen und in der Schweiz knapp 6 Millionen – Tendenz weiter steigend.

Nicht anders sieht die Situation bei den Transporten aus: Es werden immer mehr Güter über immer weitere Strecken transportiert. Allein innerhalb Deutschlands sind es mehr als 4 Milliarden Tonnen, die pro Jahr durchs Land rollen. So kommt man auf die stolze Zahl von 50 Tonnen pro Bundesbürger. Dazu kann man noch einmal mehr als eine Milliarde Tonnen addieren, die über die Grenze im- und exportiert werden. Von all diesen Gütern werden über 70 Prozent auf der Straße transportiert; die Bahn und das Binnenschiff liegen im Vergleich dazu weit abgeschlagen zurück.

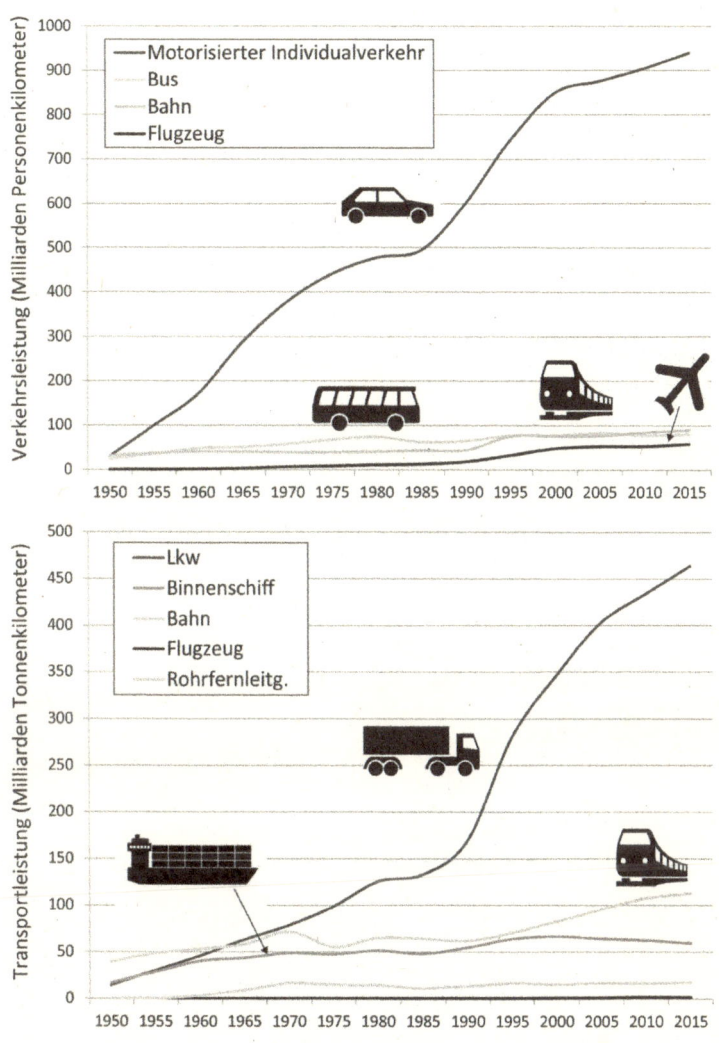

Abbildung 1: Steigerung des Verkehrsaufkommens in Deutschland zwischen 1950 und heute. Die obere Grafik zeigt den Personenverkehr, die untere den Güterverkehr.

Autofahren führt zu Klimawandel

Die Auswirkungen dieser enormen Steigerung des Verkehrs und von Transporten sind vielfältig. In den letzten Jahren wird am meisten über den Klimawandel diskutiert, der inzwischen als größte Bedrohung für die Menschheit erkannt wurde. Der Verkehr trägt mit rund einem Fünftel zum Ausstoß klimaschädlicher Gase (vor allem Kohlendioxid) bei, insgesamt sind es über 160 Millionen Tonnen pro Jahr. Über 90 Prozent davon stammen aus dem Straßenverkehr. Das Auto verursacht auf der gleichen Strecke fast dreimal mehr Kohlendioxid als die Bahn, zwischen den Lkws und der Güterbahn ist der Unterschied sogar noch größer. Das Flugzeug schneidet nochmals sehr viel schlechter ab, macht aber einen deutlich geringeren Anteil am Verkehrsaufkommen aus. Das heißt im Klartext: Der Verkehr, und vor allem der Straßenverkehr, hat erhebliche Auswirkungen auf das Klima. Nach der Energieerzeugung und der Industrie mit ihren großen Kraftwerken steht er an dritter Stelle der großen Klimaschädiger. Der Familien-Geländewagen und der Kurztrip mit dem Flugzeug sind also nicht umsonst zu Symbolen für klimaschädliches Verhalten geworden.

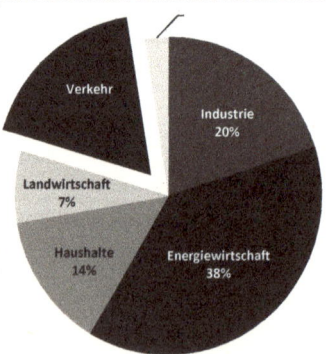

Abbildung 2: Anteile der Sektoren am Ausstoß klimaschädlicher Gase. Der Verkehr macht rund ein Fünftel aus. (Daten: Umweltbundesamt)

Im Dezember 2015 wurde in Paris nach jahrelangen erfolglosen Verhandlungen endlich ein neues internationales Klimaabkommen verabschiedet. Und auch wenn eine deutlich stärkere Reduktion und eine größere Verbindlichkeit der Ziele wünschenswert gewesen wären, bekannten sich dennoch die Industriestaaten immerhin zu einer erheblichen Verminderung ihres Ausstoßes klimaschädlicher Gase. Dabei muss auch der Verkehr eine erhebliche Rolle spielen; es ist sogar von einer kompletten Dekarbonisierung – also einem Ausstieg aus der Verbrennung von Öl und Gas – die Rede. In Anbetracht unseres heutigen Verkehrssystems wäre das eine enorme Herausforderung.

Um den Klimawandel in einem einigermaßen handhabbaren Ausmaß zu halten, sollte die Erderwärmung den Klimaforschern zufolge unterhalb von 2 Grad Celsius bleiben. Das bedeutet umgerechnet, dass jeder Mensch auf der Erde nur gut 2,5 Tonnen Kohlendioxid pro Jahr ausstoßen dürfte. Dabei geht es nicht nur um den eigenen Ausstoß, sondern auch um die Produktion, Energie, Transporte und vieles mehr. Auch im Ausland produzierte Produkte müssen fairerweise den Menschen in den Ländern zugerechnet werden, in denen sie letztlich verwendet werden. Tatsächlich ist der Kohlendioxidausstoß pro Kopf weltweit (im Durchschnitt) schon jetzt mehr als doppelt so hoch wie diese 2,5 Tonnen. Und die Unterschiede sind enorm: In Deutschland ergeben sich, wenn man auch die importierten Produkte mit einrechnet, etwa 18,3 Tonnen pro Person und Jahr, in Österreich 21,5 und in der Schweiz 23. Achtmal mehr als das, was wir für die Einhaltung der Zwei-Grad-Grenze ausstoßen dürften. Dieser hohe Ausstoß in Mitteleuropa wird letztlich durch einen extrem niedrigen Ausstoß in vielen Nicht-Industrieländern kompensiert: So erreichen die meisten afrikanischen Länder einen Ausstoß von unter 0,5 Tonnen pro Person und Jahr.

Verschärft wir das Klimaproblem noch dadurch, dass unser – sehr klimaschädlicher – Lebensstandard offensichtlich attraktiv ist. Auch die

Menschen in den südlichen Ländern streben die gleiche energieintensive Lebensweise an, die bei uns in den westlichen Ländern vorherrscht. Schon jetzt steigt der Kohlendioxidausstoß beispielsweise in China und Indien rapide an; auch dort sind es inzwischen schon 8,4 bzw. 3,3 Tonnen pro Person und Jahr, Tendenz weiter steigend. Es lässt sich auch kaum begründen, warum den Menschen in diesen Ländern nicht das Recht auf die gleiche Lebensart zustehen sollte, die wir für uns in Anspruch nehmen. Doch gleichzeitig ist klar, dass wir dann innerhalb kürzester Zeit in eine noch viel stärkere Klimakrise hineingeraten würden, als wir sie bereits jetzt erleben.

Letztlich hilft es also nichts: *Wir* selbst müssen damit anfangen, unsere Produktion von Kohlendioxid und anderen klimaschädlichen Gasen erheblich zu vermindern, wenn wir der Klimakatastrophe entgehen wollen. Und diese Klimakatastrophe ist nicht länger irgendeine Phantasie, sondern wird in Anbetracht von regelmäßigen Unwettern, Wetterkapriolen und fast jährlichen Rekordtemperaturen immer greifbarer. Weniger Autofahren ist dabei sicherlich nur eine Maßnahme von vielen. Andere wichtige Faktoren für den Klimawandel sind beispielsweise die Produktion viel zu vieler zu kurzlebiger Produkte oder der übermäßige Fleischkonsum. Wenn es in diesem Buch vor allem um Verkehr geht, so heißt das nicht, dass wir nicht genauso in anderen Bereichen aktiv werden sollten. Tatsächlich nimmt aber unser Verkehr erheblichen Anteil am Klimawandel, und unsere Verhaltensänderungen in diesem Bereich können eine Menge beitragen.

Die tödlichen Auswirkungen des Verkehrs

Das Klima ist zwar momentan ein sehr präsentes Thema, aber bei weitem nicht die einzige negative Konsequenz unseres Verkehrs. Sehr viel weniger diskutiert wird beispielsweise über die Luftverschmutzung, die ebenfalls gravierende Auswirkungen zur Folge hat. Die Abgase durch den Straßen- und den Luftverkehr wirken nicht nur in der Atmosphäre, sondern ebenso am Boden – und zwar sowohl auf die Natur als auch auf die Menschen. Die Stickoxide besonders aus den Abgasen von Verbrennungsmotoren sind für Smog und sauren Regen verantwortlich und beeinträchtigen die Atmung. Und Feinstaub verursacht unter anderem Asthma, Herz-Kreislauf-Erkrankungen, Allergien und Lungenkrebs. Das Umweltbundesamt geht davon aus, dass in Deutschland knapp 50.000 Menschen pro Jahr wegen übermäßiger Feinstaubbelastung frühzeitig sterben. Spätestens seit dem »Abgasskandal« im Herbst 2015 ist auch klar, dass die meisten Autos – vor allem Dieselfahrzeuge – noch deutlich mehr Feinstaub, Stickoxide und Kohlendioxid ausstoßen als von den Herstellern angegeben.

Ebenfalls sehr schädlich für viele Menschen – insbesondere für jene, die an großen Verkehrswegen und Flughäfen wohnen – wirkt sich der Lärm aus, den der Verkehr verursacht. Viele Menschen sind einem deutlich höheren Schallpegel ausgesetzt als dies gesundheitlich eigentlich zumutbar wäre. Und die Straße steht an erster Stelle der wahrgenommenen Lärmbelästigung. Mehr als die Hälfte der Deutschen gibt an, sich durch Straßenverkehrslärm belästigt zu fühlen.[2] Dieser Lärm wird mit Schlafstörungen, Herz-Kreislauf-Erkrankungen und sogar mit der Entstehung von Krebs in Verbindung gebracht. Auch hier geht es also nicht nur um ein kleines Ärgernis, sondern um knallharte gesundheitliche Auswirkungen, von der Beeinträchtigung der Lebensqualität ganz zu schweigen.

Am teuersten für die Gesellschaft wirkt sich jedoch eine andere Folge des Verkehrs aus, nämlich die Unfälle. Auch wenn die Unfallzahlen in den letzten Jahren erfreulicherweise – trotz des wachsenden Verkehrs – tendenziell zurückgehen. Noch immer sterben jedes Jahr auf deutschen Straßen fast 4000 Menschen, in Österreich sind es knapp 500 und in der Schweiz 250. Dazu kommen noch einmal etwa zehnmal mehr Schwerverletzte sowie all diejenigen, die Angehörige verlieren, wegen einer Behinderung ihr komplettes Leben umstellen müssen oder traumatisiert werden. Dennoch akzeptieren wir diesen Blutzoll des Straßenverkehrs ganz offensichtlich; er gilt als unvermeidlicher Kollateralschaden unserer Mobilität. Die größte Angst vieler Menschen ist jeglicher Statistik zum Trotz nicht ein Unfall, sondern der Terrorismus. Milliarden werden ausgeben und Bürgerrechte massiv beschnitten, um terroristische Anschläge zu verhindern – ohne einen Nachweis, dass die durchgeführten Maßnahmen wirklich dazu beitragen, solche Anschläge zu verhindern. Aber darüber, wie viel Straßenverkehr wirklich für ein glückliches Leben notwendig ist und wie viele Todesopfer und Verletzte wir dafür in Kauf nehmen, gibt es keine Debatte.

Abgesehen von den schlimmen sozialen Folgen solcher Unfälle verursachen sie alleine in Deutschland etwa 42 Milliarden Euro pro Jahr an Folgekosten – vor allem im Medizin- und Pflegebereich. An dieser Zahl lässt sich auch die Ungerechtigkeit unseres Verkehrs verdeutlichen: Diese Kosten – ebenso wie die Folgen von Klimaschäden, Luftverschmutzung und Lärm – tragen nämlich nicht etwa die Verursacher, sondern alle Bürgerinnen und Bürger zusammen, in diesem Falle durch die Zahlungen in die Kranken- und Pflegekassen. Man spricht daher von »externen Kosten«. Nur die Tatsache, dass die Ausgaben nicht dort anfallen, wo sie verursacht werden, macht den Verkehr so billig, wie er ist. Müssten diese Beträge mit dem Verkehr selbst gezahlt und damit »internalisiert« werden, wäre insbesondere der Auto- und Lkw-Verkehr sehr viel teurer. Die tatsächlich gezahlten Kosten des Verkehrs – z. B. über den Kaufpreis und Steuern – spiegeln die realen Aufwendungen nicht einmal annähernd wider, auch wenn Autobefürworter gerne das Gegenteil behaupten (siehe dazu Kapitel 3.2).

Nur beim Autoverkehr akzeptieren wir ganz selbstverständlich die Verschmutzung, den Lärm und nicht zuletzt den Blutzoll, den er fordert.

Würde uns jemand mutwillig die gleiche Menge Abgase in die Nase blasen oder durch Dauerschreien einen vergleichbaren Lärm verursachen wie ein Auto, würde er sofort festgenommen werden. Jede andere Technologie, die jährlich alleine in Deutschland, Österreich und der Schweiz knapp 5000 Tote verursacht, weltweit sogar eine Million, würde sofort als höchst gefährlich verboten werden. Beim Auto haben wir uns hingegen offensichtlich daran gewöhnt, all dies hinzunehmen.

Eine weitere Konsequenz des Verkehrs besteht in der Flächenversiegelung. In Deutschland sind heute schon etwa 16.000 Quadratkilometer als Verkehrsfläche betoniert; das sind 5 Prozent der Gesamtfläche des Landes. Und jeden Tag kommen weitere Flächen dazu, wird also letztlich Natur in Straßen, Parkplätze und andere Verkehrsinfrastruktur umgewandelt. 20 Hektar – die Größe von 28 Fußballfeldern – werden in Deutschland im Schnitt pro Tag in Straßen verwandelt. Insgesamt gehen täglich sogar 87 Hektar Naturraum verloren, wenn man auch die Flächen für neue Häuser und Industrieanlagen miteinbezieht; in Österreich sind es 21 Hektar. Umgerechnet auf alle einzelnen Einwohner beträgt die Verkehrsfläche schon jetzt über 200 Quadratmeter pro Person – verglichen mit durchschnittlichen 46 Quadratmetern Wohnraum. Das heißt also, dass wir viermal mehr Fläche für den Straßen- und sonstigen Verkehr aufwenden als für unser eigenes Wohnen. Und dieser Vergleich soll bitte nicht als Plädoyer für eine Ausweitung der Wohnfläche mit weiteren negativen Auswirkungen auf das Klima missverstanden werden.

Die Papiere zu den Nachhaltigkeitszielen der deutschen Bundesregierung enthalten daher auch schon seit einigen Jahren das sinnvolle Ziel, keine neuen Flächen mehr zu verbauen. Die Umsetzung dieses Ziels würde bedeuten: Wann immer etwas Neues gebaut wird – ob es nun Straßen sind oder Häuser, müsste im Gegenzug eine gleichgroße Fläche an einer anderen Stelle in Natur zurückverwandelt werden. Aber von solch einer

Politik sind wir noch weit entfernt. Leider ist dies aber nicht das einzige Nachhaltigkeitsziel, das wir deutlich verfehlen.

Zu den diskutierten ökologischen und gesundheitlichen Problemen des Verkehrs kommen auch noch soziale Probleme: Unser heutiges Verkehrssystem beruht zu einem großen Teil auf dem Auto – was für die meisten Menschen auch gut funktioniert. Für einige bringt diese Auto-Fokussierung aber erhebliche Einschränkungen mit sich oder macht sie sogar überwiegend immobil: Menschen mit Behinderungen oder sehr alte Menschen, die nicht selbst Auto fahren, können in vielen ländlichen Gegenden kaum selbstständig mobil sein. Wenn ein öffentlicher Nahverkehr nicht vorhanden ist oder nur wenige Male täglich fährt, sind diese Menschen auf den Fahrdienst durch andere angewiesen. Das gleiche gilt für Menschen, die aus anderen Gründen auf ein Auto oder sogar auf einen Führerschein verzichten. Würden hingegen mehr Menschen vom Auto auf den öffentlichen Verkehr umsteigen, könnte ein sehr viel besseres Angebot dieses Verkehrs geschaffen werden – und damit auch Menschen ohne Auto mobiler machen.

Ein weiterer Aspekt ist die Gerechtigkeit: Die Menge an Verkehr, die ein Mensch verursacht, korreliert stark mit dem Einkommen. Menschen in Haushalten mit einem hohen Einkommen legen durchschnittlich mehr als doppelt so viele Kilometer am Tag zurück als Menschen in einem Haushalt mit niedrigem Einkommen. Gleichzeitig leben wohlhabendere Menschen eher in ruhigen Stadtbezirken oder am Stadtrand, während ärmere Menschen besonders oft an den großen Verkehrsachsen oder in der Nähe von Flughäfen leben. Das bedeutet zugespitzt: Die Personen, die den größeren Teil des Verkehrs mit all seinen Belastungen wie Abgasen, Lärm und Gefahren verursachen, sind gleichzeitig die, die deutlich weniger darunter zu leiden haben. Und die Menschen, die den größten Teil der Folgen des Verkehrs abbekommen, sind umgekehrt jene, die kaum Schuld daran tragen.

Auch im globalen Maßstab sieht es im Übrigen nicht besser aus: Den Löwenanteil der Klimagase, die sich schon jetzt in der Atmosphäre befinden und die täglich ausgestoßen werden, verursachten wir in den Industriestaaten. Gleichzeitig haben aber die Menschen in vielen der Länder, die bislang kaum etwas zum Klimawandel beigetragen haben, deutlich stärker unter den Folgen zu leiden. Das gilt beispielsweise für die Bevölkerung in weiten Teilen von Bangladesch, die durch den steigenden Meeresspiegel und zunehmende Überflutungen akut bedroht ist – zumal dort auch nur wenige Mittel für einen besseren Küstenschutz vorhanden sind. Und das gilt in besonderem Maße auch für viele Inselstaaten insbesondere im Pazifik, die im Laufe des nächsten Jahrhunderts untergehen werden.

Ein weiteres Problem des Verkehrs bleibt die Energieversorgung. Auch wenn die Ölpreise seit der letzten großen Krise wieder deutlich gefallen sind, ist dennoch unstrittig, dass Erdöl eine endliche Ressource ist. Die »Peak-Oil«-Theorie geht davon aus, dass das Produktionsmaximum zumindest des leicht förderbaren Öls bereits überschritten wurde. Daher wird in den letzten Jahren immer tiefer und aufwändiger gebohrt. Auch unkonventionelle Fördermethoden wie die Ölgewinnung aus ölhaltigem Sand und das Fracking gewinnen dadurch an Bedeutung. Das bedeutet aber auch, dass mit diesen neuen Fördermethoden die Gefahren enorm zunehmen. Unglücke wie das der »Deepwater Horizon« im Golf von Mexiko im Jahr 2010 – einer risikoreichen Bohrung in extrem tiefem Wasser – werden damit leider häufiger werden. Und dennoch ist auch mit dieser zunehmend aufwändigen Förderung das Ende des Erdöls absehbar. Eine Mobilität der Zukunft kann daher nicht mehr vom Erdöl abhängen.

Kurz zusammengefasst heißt das: unser jetziges Verkehrssystem – und das heißt an erster Stelle der Autoverkehr – bringt eine Menge sehr grundlegender Probleme mit sich. Aber es gibt nicht nur Probleme, sondern es gibt auch Vorschläge für Lösungen. Im Bereich der Auto-Mobilität sind das momentan vor allem drei: »Biokraftstoffe«, Elektroautos und selbstfahrende Autos.

Vermeintliche Lösungen

Die »Biokraftstoffe« sollte man korrekterweise als »Agrokraftstoffe« bezeichnen, weil die Vorsilbe »Bio« einen falschen Eindruck erweckt: Es geht dabei mitnichten um biologischen oder ökologischen Anbau, sondern um industrielle Landwirtschaft in riesigem Umfang. Auf diese Weise werden Pflanzen angebaut, aus deren Früchten sich Kraftstoffe für Autos gewinnen lassen. Entweder man baut ölhaltige Pflanzen wie Raps, Soja oder Ölpalmen an. Aus diesen lässt sich entweder reines Pflanzenöl oder mit Hilfe eines chemischen Umwandlungsprozesses (»Umesterung«) Biodiesel gewinnen. Dieser Kraftstoff kann dann in einem normalen Dieselmotor verwendet werden. Für die andere Möglichkeit der Herstellung werden stärkehaltige Früchte wie Mais oder Getreide oder zuckerhaltige Pflanzen wie Zuckerrübe und Zuckerrohr verwendet. Aus diesen lässt sich mit Hilfe einer Gärung – ähnlich wie bei der Herstellung von Schnaps – und einer nachfolgenden Aufreinigung Ethanol gewinnen. Dieser Kraftstoff wird normalem Benzin beigemischt; der inzwischen handelsübliche E10-Kraftstoff beinhaltet beispielsweise 5 bis 10 Prozent Bioethanol. In eigens dafür modifizierten Motoren lässt sich Ethanol aber auch pur verwenden.

Die Probleme, die diese sogenannten Agrokraftstoffe der ersten Generation mit sich bringen, sind vielfältig: Zum ersten weisen sie eine schlechte Energiebilanz auf. Von der Energie, die letztlich im Produkt steckt und beispielsweise zum Autofahren verwendet werden kann, ist nur ein kleiner Anteil tatsächlich gewonnene Energie. Der größere Anteil der enthaltenen Energie wird jedoch im Prozess zugeführt: durch die Produktion des

Kraftstoffs, die Trocknung, den Anbau der Pflanzen und den Transport. Die Agrokraftstoffe enthalten also letztlich indirekt einen großen Anteil von fossilen Kraftstoffen. Daraus resultiert auch die schlechte Klimabilanz: Betrachtet man nur die Herstellung der Kraftstoffe und die Verdrängung anderer Pflanzen, die sonst auf den gleichen landwirtschaftlichen Flächen angebaut wurden (die sogenannten direkten Landnutzungsänderungen), so ist die Klimabilanz bei den meisten heimischen Agroenergiepflanzen maximal ein Drittel besser als bei der Verwendung von herkömmlichem, fossilem Diesel oder Benzin. Das ist schon wenig, aber immerhin ein Schritt in die richtige Richtung. Tatsächlich führt aber der Anbau der Agroenergiepflanzen auch noch zu sogenannten indirekten Landnutzungs-änderungen: Wenn immer mehr solcher Energiepflanzen angebaut werden, müssen an anderer Stelle neue landwirtschaftliche Flächen entstehen, da wir ja auch nach wie vor Nahrungsmittel benötigen. Im schlimmsten Falle werden Wiesen, die eigentlich eine positive Klimawirkung haben, zu Feldern umgewandelt, oder es wird sogar Regenwald abgeholzt – mit langfristigen katastrophalen Auswirkungen auf das Klima. Bezieht man auch diesen Effekt der indirekten Landnutzungsänderungen mit ein, dann schneiden die Agrokraftstoffe sogar deutlich schlechter ab als die fossilen Kraftstoffe.

Doch damit nicht genug: Auch die Wasserbilanz dieser Kraftstoffe nimmt sich desolat aus: Für die Herstellung eines Liters Kraftstoff werden zwischen 1400 und 20.000 Liter Wasser benötigt. In Mitteleuropa, wo Wasser bislang kein Problem darstellt, mag das noch tragbar sein, aber in vielen tropischen und subtropischen Gegenden, wo ein Großteil der verwendeten Pflanzen wächst, ist eine solche Herstellung überhaupt nicht nachhaltig. Und auch die Bilanz der benötigten Ackerflächen für die Herstellung der Agrokraftstoffe verdeutlicht ein weiteres Problem: Um alleine den Energieverbrauch des Verkehrs in Deutschland zu decken, würde man mehr Anbaufläche benötigen, als das Land insgesamt groß ist. Tatsächlich steht aber gerade einmal ein Drittel des Landes tatsächlich als landwirtschaftliche Fläche zur Verfügung, und auf dieser Fläche müssen natürlich auch nach wie vor Nahrungsmittel angebaut werden. So müsste der überwiegende Teil des Anbaus von Agroenergiepflanzen in anderen Regionen der Welt stattfinden. Schon heute wird ein großer Teil des beigemischten Ethanols im deutschen E10-Kraftstoff importiert. Das führt letztlich zu einer Art neuem Kolonialismus für die Energiebereitstellung, der sich bereits in einem massiven Aufkauf von landwirtschaftlichen Flächen, dem »Land Grabbing«, durch große Konzerne und Investoren andeutet.[3] Außerdem führt der riesige Bedarf an landwirtschaftlichen Flächen zwangsläufig immer zu einer Konkurrenz zwischen dem Anbau von Pflanzen zur Energiegewinnung und zur Nahrungsmittelherstellung. Mehr Nachfrage nach Agrokraftstoffen hat damit auch höhere Preise von Nahrungsmitteln auf dem Weltmarkt zur Folge. Die zugespitzte Formel »Tank oder Teller« ist also durchaus nicht falsch. Auch industrielle Rohstoffe sollen zudem in Zukunft immer stärker aus landwirtschaftlichem Anbau gewonnen werden, was die Konkurrenz um Flächen weiter verschärft.

Befürworter der Agrokraftstoffe bestreiten all das inzwischen kaum noch, verweisen aber auf neue Technologien, die diese Probleme lösen sollen. Die sogenannten Agrokraftstoffe der zweiten und dritten Generation beruhen tatsächlich nicht mehr auf dem Anbau von Pflanzen wie Mais, Soja, Zuckerrohr, Zuckerrüben, Ölpalmen oder Getreide, die auch direkt zur Nahrungsmittelproduktion verwendet werden könnten. Stattdessen sollen hier ganze Pflanzen statt den Früchten verwendet werden, und sie können dazu noch auf weniger wertvollen Anbauflächen wachsen. Alternativ werden sogar Algen ins Spiel gebracht. Auch bei diesen Pflanzen, selbst wenn sie anspruchsloser als die Agroenergiepflanzen der ersten Generation sind, bleibt aber das prinzipielle Problem der Flächenkonkurrenz mit der Nahrungsmittelproduktion bestehen. Selbst Behälter zum Anbau von Algen benötigen viel Fläche, Wasser und Ressourcen. Zudem ist der Prozess der Kraftstoffherstellung auf diesem Wege energetisch noch aufwändiger. Die Energiebilanz der hergestellten Kraftstoffe ist daher ebenfalls vernichtend. Als neues Problem kommt der Einsatz von Risikotechnologien hinzu: So wird für die Herstellung von Agrokraftstoffen der zweiten und dritten Generation an gentechnisch veränderten und dadurch leichter aufzubrechenden Pflanzen geforscht, die dann auf riesigen Flächen angebaut werden müssten. Eine weitere Risikotechnologie stellt die »synthetische Biologie« dar, mit deren Hilfe Bakterien mit ganz neuen Eigenschaften künstlich hergestellt werden, um die Kraftstoffherstellung möglichst einfach zu bewerkstelligen. Die Gefahren, die von solchen künstlich hergestellten Bakterien ausgehen, sind bislang kaum abschätzbar.

Aus all diesen Gründen besitzen die Agrokraftstoffe inzwischen zu Recht kein gutes Image mehr. Dafür wird aber eine andere Technologie immer stärker propagiert: das Elektroauto. Fast alle Autohersteller und politischen Akteure sind sich darüber einig, dass die Zukunft der Mobilität in elektrisch angetriebenen Autos liege. Auch hier bringt eine genauere Betrachtung aber zahlreiche Schwierigkeiten zutage.

Zum ersten ist auch beim Elektroauto das Energieproblem nicht gelöst. Die Batterie in einem Elektroauto ist nur ein Energiespeicher; sie muss aber mit Energie von außen aufgeladen werden. Das gleiche gilt im Übrigen auch für das Wasserstoffauto, denn auch Wasserstoff ist nur eine andere Form der Energiespeicherung. Aber auch hier bleibt die Frage ungeklärt, wo diese Energie herkommt. Wird ein Elektroauto heute mit elektrischer Energie aus dem Netz aufgeladen, so schneidet es damit in Hinblick auf das Klima nicht besser ab als ein Auto, das mit Benzin fährt.

Schuld daran ist der Strommix, der in Deutschland noch immer zu über 50 Prozent aus fossilen Energien gedeckt wird (2015 stammten 23,8 Prozent aus Braunkohle, 18,1 Prozent aus Steinkohle und 9,1 Prozent aus Erdgas; außerdem noch immer 14,1 Prozent aus Kernenergie). Befürworter der Elektroautos führen immer wieder als Gegenargument ins Feld, dass sich dieses Problem doch quasi von selbst löse, indem der Anteil an erneuerbaren Energien im Strommix von Jahr zu Jahr zunehme. In einigen Jahren fahre das Elektroauto also mit immer mehr Wind- und Solarenergie und daher doch ökologischer als das Benzinauto. Tatsächlich liegt der Anteil der erneuerbaren Energien am deutschen Strommix bislang aber erst bei knapp einem Drittel. Österreich und die Schweiz schneiden hier aufgrund des hohen Anteils an Wasserkraft deutlich besser ab (Österreich: 76 Prozent, Schweiz: 60 Prozent). Für Deutschland und die meisten anderen Länder heißt das aber: Der Ausbau der erneuerbaren Energien muss noch viele Jahre weitergehen, bis 100 Prozent erneuerbar erzeugt werden. Tatsächlich wird der weitere Ausbau aber zunehmend schwierig, da insbesondere für Windkraftanlagen die Standorte knapp werden und die Ausbaugeschwindigkeit durch die Veränderungen des deutschen Gesetzes für erneuerbare Energien deutlich reduziert wurde. In dieser Situation bedeutet jede zusätzliche Nachfrage nach elektrischer Energie z. B. durch Elektro- oder Wasserstoffautos letztlich, dass Kohlekraftwerke länger am Netz bleiben. Und auch wer sich extra seine eigene Solaranlage für das Laden des Elektroautos aufs Dach setzt, würde mit einer Einspeisung in das Netz (auch wenn sich das finanziell immer weniger lohnt) deutlich mehr für das Klima tun, weil damit die Nachfrage nach Kohlestrom wieder etwas verringert werden könnte.

Die Herkunft der Energie ist aber nicht das einzige Problem des Elektroautos, hinzu kommt der Bedarf vieler seltener Rohstoffe zur Produktion der Gefährte. Man benötigt an erster Stelle Lithium für die Produktion der

Batterien, aber auch Kobalt, Neodym-Oxid, Dysprosium-Oxid und einige weitere Rohstoffe mit klingenden Namen. Das Vorkommen der meisten dieser Rohstoffe ist global stark begrenzt, und sie können zudem oft nur mit erheblichen negativen Umweltauswirkungen gewonnen werden. Auch die sozialen Auswirkungen z. B. bei der Förderung von Kobalt im Kongo nehmen sich oft katastrophal aus. Die komplizierte Produktion bedeutet auch: Das Elektroauto verbraucht allein in der Herstellung nochmals deutlich mehr Energie als ein Auto mit Verbrennungsmotor. Mehr als halb so viel Energie, wie das E-Auto später in einem durchschnittlichen Leben verfahren wird, geht alleine in die Produktion ein. Dazu kommt noch das hohe Gewicht der Batterien aufgrund der niedrigen Energiedichte: Obwohl sich hier technisch in den letzten Jahren schon einiges getan hat, kann in einem Kilogramm Batterie noch immer nur etwa siebzig Mal weniger Energie gespeichert werden als in einem Kilogramm Benzin oder Diesel steckt. Dieses hohe Gewicht macht die Autos schwer – und benötigt selbst wieder viel Energie zum Transport. Nach wie vor ist zudem die Lebensdauer der Batterien eng begrenzt – wie wir es auch von unseren Notebook-Computern und Handys kennen: Nach einigen Jahren nimmt die Kapazität erheblich ab und dann muss die Batterie ersetzt werden – was erneut Energie und Rohstoffe benötigt. Außerdem muss die alte Batterie entsorgt werden, und nur einige Bestandteile davon können tatsächlich zurückgewonnen und wiederverwendet werden.

Die begrenzte Kapazität der Batterien führt bislang auch dazu, dass E-Autos als Zweit- und Drittwagen zusätzlich gekauft werden und keine herkömmlichen Autos ersetzen – so eine norwegische Studie. Das bezeichnet man als Rebound-Effekt (eine genauere Erklärung folgt unten): Das vermeintlich effizientere Auto führt zu einer deutlichen Erhöhung der Emissionen aufgrund der Produktion. Die Kaufprämie für Elektroautos wird damit letztlich zu einem Förderprogramm für teure Zusatzautos.

Neben der Herkunft der Energie bleibt bis auf weiteres die Batterie der große Schwachpunkt der Elektroautos. Hier hat die schon existierende Elektromobilität in Form von elektrisch betriebenen Bahnen, Straßenbahnen und Oberleitungsbussen die Nase vorn, da sie genau dieses Problem durch die Zuführung der Energie über Oberleitungen oder seitliche Stromschienen elegant umgeht. Zudem sind Fahrzeuge, die nicht nur für den eigenen Transport sondern gemeinschaftlich genutzt werden, generell in Hinblick auf die Energie viel effizienter. Zum ersten wird pro Fahrgast weit weniger Energie für die Produktion benötigt, zum zweiten muss aber auch weniger Masse pro Fahrgast bewegt werden. Auch Fahrräder mit Elektroantrieb (Pedelecs oder E-Bikes) schneiden in der Energie- und Ökobilanz sehr viel besser ab als Elektroautos, vor allem weil sie weniger Gewicht mitbringen. Die Batterien sind dadurch sehr viel kleiner, so dass die oben beschriebenen Probleme zwar auch bestehen, aber minimiert sind. Elektroautos werden zukünftig sicherlich ihre Nischen finden, z. B. als Liefer- oder Einsatzfahrzeuge. Sie sind aber nicht die »Großlösung«, mit der eben einfach die selbe Masse an Autos wie bisher betrieben werden könnte – auch wenn genau das immer wieder propagiert wird.[4]

Wenn also Agrokraftstoffe und Elektroautos keine grundlegenden Lösungen darstellen, was löst die Probleme dann? Wie sieht es mit Effizienzmaßnahmen aus? Wie ist es mit selbstfahrenden Autos, von denen neuerdings überall die Rede ist? Alle Maßnahmen, die zu einer besseren Nutzung der Energie und damit einer höheren Effizienz beitragen, sind in jedem Falle zu begrüßen. Man darf jedoch nicht dem Irrglauben anhängen, dass solche Effizienzmaßnahmen wirklich die Probleme lösen. Zwar gab es in den letzten Jahrzehnten beispielsweise bei der Motorentwicklung durchaus Fortschritte, die zu einer deutlichen Verbesserung der Energieeffizienz geführt haben. Gleichzeitig werden jedoch immer schwerere Autos mit stärkeren und damit doch wieder verbrauchsintensiveren Motoren gekauft. Exemplarisch dafür steht die Entwicklung des VW Golf als dem typischen deutschen Mittelklassewagen: Der in den 1970er-Jahren gebaute Golf I war 790 Kilogramm schwer, in der erfolgreichen 50-PS-Version mit »Formel E« verbrauchte er 5,2 Liter Normalbenzin auf 100 km. Der 2012 eingeführte Golf VII bringt es auf über 1200 Kilogramm Gesamtgewicht und verbraucht in der kleinsten Version mit inzwischen 86 PS noch immer 4,9 Liter Superbenzin – nach Herstellerangaben, real ist der Verbrauch deutlich höher. Trotz der weiter entwickelten Technologie ist also der Verbrauch nicht gesunken, da das Auto schwerer geworden ist, eine höhere Leistung aufweist und dazu sehr viel mehr Elektronik. Hinzu kommt ein weiterer problematischer Effekt: Es werden immer mehr und tendenziell schwerere Autos gekauft – und natürlich auch gefahren. Daher steigt der gesamte Energieverbrauch des Autoverkehrs trotz der Effizienzmaßnahmen in erheblichem Umfang.

Die oben beschriebenen Effekte bezeichnet man als Rebound. Er lässt sich nicht nur bei Autos finden, sondern er ist auch in vielen anderen Bereichen, in denen Energie verbraucht wird, dokumentiert. Die Konsequenz aus den Rebound-Effekten ist, dass man leider nicht generell davon ausgehen kann, dass Effizienzsteigerungen tatsächlich in gleichem Maße zu Energieeinsparungen führen. Stattdessen muss man immer auch im Auge behalten, welche zusätzlichen Effekte dadurch hervorgerufen werden. Dies soll kein generelles Argument gegen Effizienzsteigerungen sein – sie stellen häufig sehr wichtige Maßnahmen dar. Es ist jedoch Vorsicht bei den Voraussagen geboten, welche Wirkungen sich damit tatsächlich erzielen lassen und ob beispielsweise eine Steigerung der Energieeffizienz von Fahrzeugen tatsächlich zu einem geringeren Energieverbrauch und einem geringeren Ausstoß von Klimagasen führt.

Ähnlich sieht es mit den selbstfahrenden Autos aus, mit denen neuerdings ebenfalls ganz verschiedene Lösungen versprochen werden: Mit elektronischer Steuerung könnten Autos effizienter fahren und Unfälle vermeiden. Tatsächlich schaffen aber auch sie wieder neue Probleme: Die dafür benötigte Technik und Infrastruktur benötigt wiederum zusätzliche Energie. Außerdem ist noch unklar, wie zuverlässig diese Technik funktionieren wird und an welche Kriterien sie sich in Konfliktsituationen halten soll: Den Fußgänger vor dem Auto auf der Straße überfahren oder eine Vollbremsung auslösen und damit die eigenen Mitfahrenden und die in den Autos dahinter gefährden? Während ein menschlicher Fahrer intuitiv – ob richtig oder falsch – reagiert, folgt die Steuerelektronik dem Programm – und wirft damit neue ethische Fragen nach der korrekten Reaktion auf. Wer trägt die Verantwortung bei einer Fehlleistung der Steuerung und einem dadurch verursachten schweren Unfall, wie es inzwischen schon bei mehreren Fahrzeugen mit automatischer Steuerung vorkam? Der Fahrzeughalter, der Hersteller, der Programmierer? Wie sieht es mit dem Risiko der Fremdsteuerung dieser Autos aus, von Hackern, die Autos als Waffen missbrauchen könnten? Auch hier zeigt sich erneut: Die rein technischen Lösungsansätze mögen zwar einzelne Probleme lindern, schaffen aber auch wieder neue. Gleichzeitig könnten Flotten von vollautonomen Autos durchaus ein Teil eines flexibleren öffentlichen Verkehrs der Zukunft werden.

Technische Lösungen reichen nicht aus

Die Konsequenz aus alldem ist: Die rein technischen Lösungsansätze sind zwar nicht notwendigerweise falsch, aber immer unzureichend, um die Vielzahl der Probleme in den Griff zu bekommen. Das Klima- und das Energieproblem werden wie oben dargestellt durch Agrokraftstoffe und Elektroautos nur bedingt gelöst, und bei Effizienzmaßnahmen verhindert der Rebound-Effekt größere Fortschritte. Viele weitere der Probleme des

Straßenverkehrs bleiben überdies auch mit diesen Technologien völlig ungelöst: Die mit Agrokraftstoffen betriebenen Autos und die E-Mobile verletzen und töten Menschen ebenso wie Autos mit herkömmlicher Antriebstechnik; es wird weiterhin Unfälle geben. Lärm verursachen zumindest die Elektroautos zwar etwas weniger, er bleibt aber dennoch vor allem bei höheren Geschwindigkeiten ein Problem. Und bei geringeren Geschwindigkeiten führt gerade die erfreuliche Abwesenheit des Lärms zu einer Zunahme der Unfälle mit Fußgängern und Fahrradfahrern. Die Flächenversiegelung geht weiter, solange weiter Straßen gebaut werden – und der Wechsel des Antriebssystems führt nicht zu einem geringeren Bedarf an Straßenraum. Auch die sozialen Probleme wie die die Verhinderung selbstständiger Mobilität von Menschen ohne Auto bleiben erhalten.

Die Antwort lautet: Wir dürfen nicht länger nur am Antriebssystem arbeiten, sondern wir müssen die Entstehung von Verkehr betrachten. Nur *weniger* Verkehr kann die Probleme nachhaltig lindern. Eine wirklich nachhaltige Entwicklung des Verkehrs darf nicht wie bisher nur auf reine Effizienz- und Verbesserungsmaßnahmen setzen, sondern sie muss sich an den »3 V« orientieren:

- Verkehr *v*ermeiden
- Verkehr *v*erlagern (auf schonendere Verkehrsmittel)
- technische *V*erbesserungen (effizientere Motoren, Speichersysteme etc.)

Sowohl die Verkehrspolitik als auch unser eigenes Verhalten müsste gegenüber der bisherigen Entwicklung vom Kopf auf die Füße gestellt werden. Das, was bislang fast ausschließlich im Fokus steht, wäre nur noch die dritte Priorität.

Stattdessen wächst aber der Verkehr nach wie vor immer weiter, als gäbe es keine Grenzen des Wachstums, und der weit überwiegende Teil findet noch immer mit den schädlichsten Verkehrsmitteln statt. Wir müssen also unsere Mobilitätsmuster grundlegend überdenken. Weniger Verkehr muss nicht notwendigerweise heißen, dass wir weniger mobil sind, sondern es muss vor allem darum gehen, unsere Mobilität auf andere Art zu gewährleisten. Wie dies geschehen kann, darum wird es in den folgenden Kapiteln gehen. Dabei darf die Forderung weder ausschließlich darin gipfeln, dass wir alles nur durch unser eigenes Verhalten lösen, noch kann es nur um politische Maßnahmen gehen, ohne dass wir auch an unserem eigenen Verhalten etwas ändern. Wirkliche Veränderungen werden nur dann möglich sein, wenn beides zusammenkommt.

1.2.   Das Auto um uns und in uns – wie die Autogesellschaft entstand

»Wer Straßen sät, wird Verkehr ernten.«
Daniel Goeudevert (Automanager und Unternehmensberater)

»Wenn man nach Belegen sucht, wie die Propaganda der Nazis auch nach dem Krieg noch gewirkt hat, muss man sich mit der Verkehrspolitik beschäftigen.«
Carsten Otte (Autor und Moderator) im Buch »Goodbye Auto« (2009)

Im vorigen Kapitel wurde das grundlegende Phänomen des Verkehrs-wachstums beschrieben – mitsamt den vielfältigen Problemen, die aus der fortwährenden Zunahme resultieren. Dabei wurde deutlich, dass der motorisierte Straßenverkehr – und das heißt an erster Stelle das Auto – die überragende Rolle für diese Entwicklung spielt. Der überwiegende Teil des Verkehrswachstums der letzten Jahrzehnte geht auf das Konto des motorisierten Individualverkehrs. In Deutschland fahren – oder genaugenommen stehen, denn das tun sie die überwiegende Zeit – inzwischen 44,5 Millionen Autos bei 81,8 Millionen Einwohnern. In Österreich sieht es mit 4,7 Millionen Pkw auf 8,7 Millionen Bürgerinnen und Bürger nicht viel anders aus, und in der Schweiz zeigt sich das Verhältnis mit 5,9 Millionen Autos für 8,3 Millionen Eidgenossen sogar noch deutlich krasser. Plastisch bedeutet das: Wenn alle Einwohner gleichzeitig in den Autos einsteigen würden, hätten sie alle auf den Vordersitzen Platz, die Rücksitze könnten sie komplett mit Gepäck vollpacken. Insgesamt könnte man die Bevölkerung zweimal in den Autos unterbringen. Und auch bei der Benutzung zeigt sich die überragende Stellung des Autos: Der motorisierte Individualverkehr macht in allen drei Ländern etwa 80 Prozent des gesamten Personenverkehrs aus.

Das Auto spielt also eine mit nichts vergleichbare Rolle für unsere heutige Mobilität. Das Ziel dieses Kapitels ist es, genauer zu untersuchen, wie das Auto diese enorme Bedeutung gewonnen hat und welche parallelen Entwicklungen damit im Zusammenhang stehen.

Das Auto als Verkehrsmittel der Wahl

An erster Stelle stehen die ganz pragmatischen Aspekte: Das Auto ist unbestreitbar ein bequemes Transportmittel für viele unterschiedliche Situationen. Man kommt schnell und recht bequem von da nach dort – wegen des gut ausgebauten und dichten Straßennetzes. Dabei kann man so einfach und bequem wie mit keinem anderen Verkehrsmittel andere Menschen und viele Dinge mitnehmen, ohne groß darüber nachzudenken. Und bei all dem ist man auch noch vor den Unbilden der Umwelt geschützt – ob Regen oder Schnee, oder die Abgase und der Lärm der anderen Autos; man sitzt geschützt in einer Hülle aus Stahl und Glas, mit klimatisierter Luft und seiner Lieblingsmusik.

Dazu kommt eine Besonderheit des Autos, die es so bei anderen Verkehrsmitteln – vom Fahrrad und dem Fußverkehr abgesehen – nicht gibt: Die einzelne Fahrt kostet nur sehr wenig, wenn man sich erst einmal zur Anschaffung des Fahrzeugs entschieden hat und Steuern und Unterhalt ohnehin finanzieren muss. Der reine Spritpreis ist für die einzelne Fahrt fast vernachlässigbar – zumindest gefühlt. Beim genaueren Nachrechnen sieht es dann doch etwas anders aus, wenn man den tatsächlichen Verbrauch von Benzin oder Diesel auf die Strecke kalkuliert. Strenggenommen müsste man auch für jede Fahrt einen Anteil für Wartung und Verschleiß miteinrechnen, doch das ist abstrakt und wird von den Autobesitzenden eher als »Sowieso-Kosten« eingestuft. Aufgrund dieser Kostenstruktur ist die Hemmschwelle für jede einzelne Fahrt niedrig. Wenn man die tatsächlichen Kosten für die Anschaffung und den Unterhalt des Autos kalkuliert, sieht die Rechnung allerdings völlig anders aus.

Beim Geld ist ein weiterer Punkt entscheidend: Während der Nutzen des Autos individuell ist, wird ein großer Teil der Kosten, die es verursacht, auf die Gesellschaft und zukünftige Generationen verlagert – seien es die Folgekosten der Unfälle, der Lärm, die Klima- und Umweltschäden oder der Flächenverbrauch. All dies kompensieren die Steuern und Abgaben der Autofahrenden nur zu einem geringen Teil. Dieses Phänomen bezeichnet man als Externalisierung von Kosten – die Kosten tragen nicht die Verursacher. Um diese externen Kosten und um die Forderung nach einer Belastung der Verursacher wird es in Kapitel 3.2 noch einmal ausführlicher gehen. Auch die Kosten für den Bau und den Unterhalt der Infrastruktur, also Straßen und Autobahnen, werden nur zu einem Teil von den Nutzerinnen und Nutzern getragen. Auch hier zahlt die Gesellschaft kräftig zu. Die Folge dieser Kostenverteilung ist die Schaffung falscher

Anreize. Müssten die Menschen die Kosten und Konsequenzen stattdessen in voller Höhe selbst tragen, würde die Entscheidung zwischen den Verkehrsmitteln in vielen Fällen sicherlich anders aussehen.

Auch das Parken ist ein wichtiger Aspekt der Bequemlichkeit: Das Auto ist in der Regel jederzeit und in der Nähe verfügbar. Selbst in größeren Städten, wo es eigentlich gewaltige Platzprobleme gibt, scheint es oft problemlos möglich, das eigene Auto nahe am Haus oder sogar in einer Tiefgarage unter dem Haus abzustellen. Das bedeutet, dass man innerhalb von wenigen Minuten losfahren kann. Für den öffentlichen Nahverkehr als Alternative trifft das hingegen nur für wenige Menschen zu, die das Glück haben, nahe an einer Haltestelle zu wohnen. Die meisten Menschen sind bis zur nächsten Bus- oder Straßenbahnhaltestelle oder zum U- oder S-Bahnhof deutlich länger unterwegs als zum Auto, und dort angekommen muss man erst noch auf den Bus oder die Bahn warten. Daher fordern progressive Verkehrswissenschaftler wie Heiner Monheim, dass die Autos aus den Kiezen verbannt werden müssten, wo sie zu viel wertvollen Raum einnehmen. Stattdessen sollten sie in zentralisierten Abstellanlagen geparkt werden. Wenn der Weg zum Auto und zur Haltestelle gleich weit ist, werde die Entscheidung eher zugunsten des öffentlichen Verkehrs ausfallen.

Zu den inhärenten Vorteilen des Autos kommen aber noch weitere Pluspunkte, die politisch ganz bewusst geschaffen werden – und oft die alternativen Verkehrsmittel gleichzeitig benachteiligen. Das beginnt bei den Regeln des Straßenverkehrs: Die heute gültige Straßenverkehrsordnung in Deutschland und in Österreich beruht überwiegend auf der 1934 erlassenen »Reichs-Straßenverkehrs-Ordnung«, die wiederum auf mehrere Gesetze und Verordnungen »über den Verkehr mit Kraftfahrzeugen« zurückgeht. Die Namen dieser Regelungen deuten bereits an, dass bei der Schaffung dieser Straßenverkehrsregeln vor allem die Perspektive des Kraftfahrzeugverkehrs im Fokus stand. Das Ziel dieser Gesetze und Verordnungen war es, einen sicheren und möglichst ungestörten Verkehr der zu dieser Zeit gerade aufkommenden Autos zu ermöglichen. Der Kraftwagen war das Symbol für den Fortschritt und sollte gefördert werden. Die Nazis nutzten ihn auch ausgiebig für ihre Propaganda – der elegante Benz für den »Führer«, der »Volkswagen« für das Volk. Das NS-Regime ließ auch die ersten Autobahnen bauen – was allerdings auch einen militärischen Hintergrund hatte und nicht zuletzt als riesige Arbeitsbeschaffungsmaßnahme diente. Schuf man 1932 gerade einmal die ersten 20 Kilometer Autobahn in Deutschland, waren es bis 1940 schon 3.736 Kilometer. Das war bereits über ein Viertel des heutigen deutschen Autobahnnetzes – gebaut und finanziert übrigens von der damaligen Reichsbahn, die sich damit gezwungenermaßen ihre eigene Konkurrenz aufbaute.

Wie spiegelt sich dieses historische Erbe in der Straßenverkehrsordnung wider? Bis zur Schaffung der Verordnungen »über den Verkehr mit Kraftfahrzeugen« galt auf allen Straßen das, was heute unter dem Titel »Shared Space« in einigen Städten versuchsweise wieder eingeführt wird: Alle Verkehrsteilnehmer, ob motorisiert oder nicht, dürfen die Straßen gleichermaßen benutzen und haben die gleichen Rechte; die Starken müssen auf die Schwachen Rücksicht nehmen. Die Straßenverkehrsordnung und ihre Vorgänger sorgten aber dafür, dass der Kraftfahrzeugverkehr generell Vorfahrt erhielt und die schwächeren Verkehrsteilnehmer an den Rand gedrängt wurden. Wir haben uns von Kind auf an diese Regelungen gewöhnt, so dass wir sie kaum noch hinterfragen. Aber es gibt wohl keinen anderen gesellschaftlichen Bereich, in dem so klar von Gesetzes wegen das Recht des Stärkeren gilt und das Grundrecht auf körperliche Unversehrtheit so selbstverständlich in Frage gestellt wird: Wenn ein Fußgänger die Straße überquert und von einem Auto angefahren wird, ist zuerst einmal der Fußgänger schuld, denn er hätte besser aufpassen müssen. Und auch bei Unfällen mit schwerwiegenden Folgen wird fast nie eine Absicht des Fahrzeugführers in Betracht gezogen, sondern schlimmstenfalls Fahrlässigkeit. Das deutsche Bundesverfassungsgericht stellte 2008 sogar höchstrichterlich fest, dass ein Kraftfahrzeug prinzipiell keine Waffe im Sinne des Strafgesetzbuchs sein könne – selbst wenn Einiges darauf hindeutet, dass es genau so verwendet wurde.[5] Daher wird eine Tötung mit einem Auto nie als Totschlag oder Mord bezeichnet, sondern immer als »bedauerlicher Unfall«.

Aber auch viele weitere gesetzliche Regelungen dienen letztlich der Bevorzugung des Autoverkehrs – man denke nur an das Dieselsteuerprivileg, das in Anbetracht der extremen Luftbelastungen durch Diesel nicht zu rechtfertigen ist, oder das sogenannte »Dienstwagenprivileg«, das durch die pauschale niedrige Besteuerung von Dienstwagen einen großen Anreiz für Unternehmen schafft, ihre Beschäftigten mit – oft schweren und teuren – Dienstwagen auch für die private Nutzung zu entlohnen (siehe dazu Kapitel 3.1).

Und selbst die rechtliche Bewertung von Vergehen weist eine Pro-Auto-Verzerrung auf: So bleibt das Falschparken, selbst wenn dadurch andere Verkehrsteilnehmer gefährdet werden und es häufig wiederholt wird, eine Ordnungswidrigkeit. Nicht wenige Autobesitzer betrachten es daher als Sport, in Verbotszonen zu parken oder keine Parkscheine zu lösen, weil das auch beim Erwischt-Werden durch das Ordnungsamt nicht mehr als 10 Euro kostet[6] – was je nach Entdeckungsrisiko langfristig günstiger sein kann als die Parktickets. Im Gegensatz dazu kostet die Beförderungserschleichung, landläufig »Schwarzfahren« genannt, selbst wenn nur versehentlich das Lösen eines Fahrscheins vergessen wurde, schon beim ersten Mal 60 Euro (in den Wiener Verkehrsmitteln sogar 103 Euro). Im Wiederholungsfall wird Schwarzfahren schnell zur Straftat. Nicht wenige Menschen haben deswegen empfindliche Geldbußen zu zahlen oder sitzen sogar im Gefängnis.[7] Und auch wenn das »Schwarzfahren« zweifelsohne schädlich für die Gemeinschaft ist, da die Kosten von den anderen Nutzerinnen und Nutzern mitgetragen werden müssen, gefährdet es – im Gegensatz etwa zum Parken dicht an Kreuzungen oder Fußgängerüberwegen – keine anderen Menschen. Daher ist die Diskrepanz zwischen Straftat auf der einen und Ordnungswidrigkeit auf der anderen Seite kaum nachvollziehbar und zeigt, dass dem Auto und seinem Fahrer ein weitreichender Sonderstatus eingeräumt wird.

Und eine weitere gesetzliche Regelung befördert den Siegeszug des Autos bis heute: Die Stellplatzverordnung oder -satzung. Jedes Bundesland (in Deutschland wie in Österreich) und die meisten Gemeinden verfügen über eine solche, die die Anzahl von Pkw-Stellplätzen für jede Wohnung abhängig von der Größe vorschreibt. Auch hier landet man bei der Suche nach dem Ursprung wieder einmal bei den Nazis und ihrem Faible für den Kraftwagen: Sie erließen im Jahre 1939 die Reichsgaragenordnung, die für jedes Wohnhaus eine ausreichende Anzahl von Pkw-Stellplätzen sicherstellen sollte. Bis heute müssen fast überall für jede neue Wohnung ein und ab einer bestimmten Größe sogar zwei Stellplätze nachgewiesen werden. Das treibt manchmal absurde Blüten: So müssen selbst explizit autofreie Wohnprojekte Unmengen an Parkplätzen bauen, wenn die zuständige Gemeinde nicht kooperativ ist und sie keine horrenden Ablösesummen statt der Parkplätze zahlen wollen. Das Vorhandensein eines bequemen Stellplatzes direkt am Haus schafft aber wiederum einen erheblichen Anreiz, sich auch ein eigenes Auto anzuschaffen. Erst ganz allmählich beginnen einige Großstädte, in Anbetracht der Tatsache, dass ein erheblicher Teil der Menschen dort ohne Auto lebt, mit dem Aufweichen dieser Regelungen – und schreiben stattdessen lieber eine ausreichende Anzahl an Fahrrad-Stellplätzen vor.[8]

Notwendigkeiten durch gebaute Strukturen

Bei den Gründen für die Nutzung des Autos geht es aber nicht nur um die oben beschriebenen Vorteile des Autos, sondern für viele Menschen auch um die – wahrgenommene oder tatsächliche – Notwendigkeit zur Nutzung. Schließlich gibt es insbesondere in ländlichen Gegenden oft kaum eine andere Möglichkeit, die Orte zu erreichen, die man erreichen muss – sei es die Arbeit, Ausbildung, Geschäfte oder Möglichkeiten für die Freizeitgestaltung. Das ist nicht von der Hand zu weisen, provoziert aber umgekehrt die Frage: Wie konnten die meisten Menschen noch vor weniger als siebzig Jahren ohne eigene Autos leben?

Die Antwort ist: Es gibt eine Wechselwirkung zwischen der zunehmenden Autonutzung auf der einen und den gebauten Strukturen auf der anderen Seite. Diesen Mechanismus zu verstehen, der bis heute die Verkehrspolitik dominiert, ist absolut entscheidend, wenn man der überragenden Rolle des Autos auf die Spur kommen will. Lagen Wohnung und Arbeitsplatz früher in der Regel nahe beieinander und auch die Einkaufsmöglichkeiten in einer Entfernung, die meist gut zu Fuß bewältigt werden konnte, so haben diese Wegstrecken über die Jahre immer mehr zugenommen. Diese Veränderung löste vor allem die Massenmotorisierung aus: Das Auto machte es möglich, täglich viele Kilometer ohne Kraftaufwand zurückzulegen. Dadurch haben wir auch mehr Wahlmöglichkeiten, die wir heute nicht mehr missen möchten: Statt in dem Dorf zu arbeiten, in dem man lebt, kann man ebenso gut zu einer attraktiveren Arbeitsstelle in der Stadt wechseln. Statt zu dem kleinen Laden an der Ecke zu gehen, fahren viele Menschen lieber zu dem großen Supermarkt einige Kilometer entfernt, der eine bessere Auswahl und attraktivere Preise bietet. Und auch die Möglichkeiten zur Freizeitgestaltung und für Besuche sind entscheidend verbessert worden.

Das Auto hat das Leben in vieler Hinsicht angenehmer gemacht. In der Folge veränderten sich aber auch die Strukturen: Der »Tante-Emma-Laden« im Dorf ging ein, weil immer mehr Menschen zum Supermarkt in die Stadt fuhren. Parallel dazu entstanden erst mit der Massenmotorisierung Siedlungsstrukturen, in denen Wohnen und Arbeiten getrennt sind und darüber hinaus die Siedlungsdichte oft so gering ausfällt, dass man die Mobilitätsbedürfnisse mit dem öffentlichen Verkehr kaum befriedigen kann. Diese Veränderung der Strukturen ist die Ursache dafür, dass das Auto inzwischen vielfach unverzichtbar geworden ist, denn bei dieser Art der Gestaltung unseres Umfelds scheint eine andere Art der Mobilität oft schwierig zu realisieren. Dazu wurden Mobilitätsalternativen wie der öffentliche Verkehr aufgrund der sinkenden Nachfrage deutlich eingeschränkt – was eine weiter sinkende Nachfrage nach sich zog und dadurch die Bedeutung des Autos für die Mobilität noch einmal erhöhte. Wir haben uns schlichtweg daran gewöhnt, auch weiter entfernte Orte einfach erreichen zu können; nun wollen wir nicht mehr darauf verzichten. Und es gibt zusätzlich einen »Zwang zur Mobilität« dadurch, dass in vielen Gegenden Arbeitsstellen abgebaut wurden und die Menschen der Arbeit »hinterherwandern« müssen.

Während in den 1890er-Jahren noch rund 60 Prozent der Bevölkerung den Weg zur Arbeit zu Fuß bewältigten, sind es ein Jahrhundert später gerade noch acht Prozent. Und alleine in den 30 Jahren zwischen 1976 und 2006 hat die mittlere Weglänge zur Arbeit und zu geschäftlichen Erledigungen in Deutschland von 10,8 auf 16,5 Kilometer zugenommen.[9] Der Fortschrittsglaube und individuelle Wünsche ergänzten sich letztlich gut mit den Interessen der Industrie, die Autos und Treibstoffe verkaufen und Straßen bauen wollte. Die Menschen wurden Getriebene dieser Entwicklung, obwohl sich viele der hohen gesellschaftlichen Kosten und Umweltbelastungen durchaus bewusst sind, die letztlich die Lebensqualität

zusehends verschlechtern. Dabei bleibt die entscheidende Frage unbe-
antwortet, ob die massive Beschleunigung und Ausweitung unseres Verkehrs uns wirklich mobiler gemacht hat.

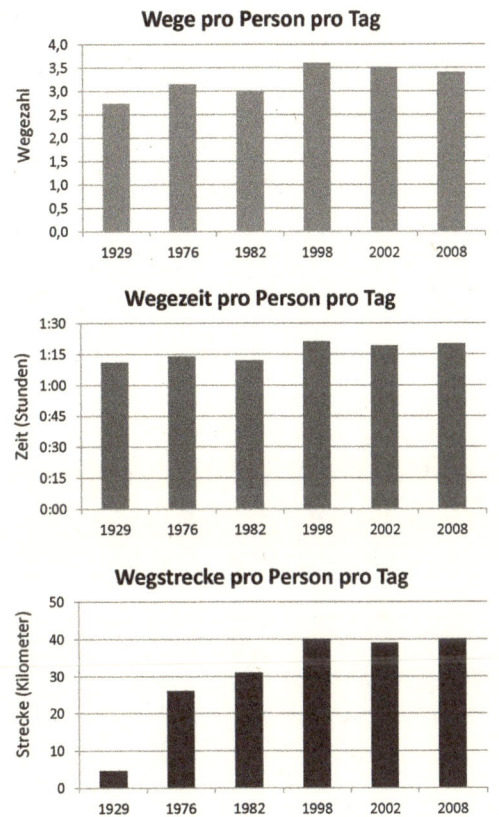

*Abbildung 3: Entwicklung wichtiger Mobilitätskennzahlen in Deutschland
von 1929 bis heute.[10]*

Einen wissenschaftlichen Blick auf die Entwicklung unserer Mobilität über die letzten 100 Jahre bieten die regelmäßig durchgeführte Studie »Mobilität in Deutschland« und ihre Vorläufer. Einige wichtige Ergebnisse des Langzeitvergleichs der wichtigsten Mobilitätskennzahlen sind in Abbildung 3 dargestellt. Die erste wichtige Größe dabei stellt die Anzahl der Wege dar, die wir durchschnittlich pro Tag zurücklegen (Abbildung 3 oben) – die Häufigkeit, mit der wir das Haus verlassen, um zur Arbeit zu fahren, einzukaufen, Freizeitbeschäftigungen nachzugehen, Freunde zu besuchen oder Ähnliches. Seit Daten zur Mobilität erhoben werden, veränderte sich diese Wegezahl im Durchschnitt fast nicht: Wir legen recht konstant gut drei Wege pro Tag im Durchschnitt zurück.

Die zweite wichtige Kennzahl ist die Zeit, die wir täglich mit unserer Mobilität verbringen – die sogenannte Unterwegszeit (Abbildung 3 Mitte). Auch hier zeigt sich das überraschende Ergebnis, dass wir heute nicht weniger Zeit mit der Mobilität verbringen, sondern ebenso viel wie 1929 – ungefähr eineinviertel Stunden pro Tag. Die enorme Beschleunigung hat wider Erwarten also nicht dazu geführt, dass wir Zeit »einsparen« würden – sofern das überhaupt möglich ist.

Somit bleibt nur eine Variable, die sich tatsächlich verändert hat, und das ist die zurückgelegte Strecke (Abbildung 3 unten). Hier beobachten wir eine stetige Entwicklung: Während der bzw. die Durchschnittsdeutsche in den 1920er-Jahren lediglich vier Kilometer am Tag zurücklegte, waren es in den 1970ern bereits 25, in den 1980ern über 30, und inzwischen sind es etwa 40 Kilometer täglich. Mittlerweile scheint es aber keine weiteren deutlichen Steigerungen sondern einen gewissen Sättigungseffekt zu geben.

Die erstaunliche Erkenntnis ist also: Wir haben über die letzten Jahrzehnte zwar eine enorme Beschleunigung unserer Mobilität erlebt, aber diese Beschleunigung führte weder dazu, dass wir mehr Orte erreichen, noch dass wir Zeit »einsparen«. Wir legen stattdessen lediglich größere

Entfernungen zurück. Ein Rebound-Effekt: Statt mit der Zunahme der Geschwindigkeit einfach die gleichen Wege zurückzulegen wie zuvor und somit weniger Zeit im Verkehr zu verbringen, legen wir auf längere Sicht immer weitere Distanzen zurück und benötigen dafür dann letztlich doch wieder die gleiche Zeit. Der Grund für diese Veränderung besteht in einer Mischung aus der Notwendigkeit durch die oben dargestellten Strukturen, in denen wir leben und die sich parallel zu diesem Prozess gewandelt haben, und dem Ausnutzen neuer Möglichkeiten durch die Beschleunigung. Früher wäre es undenkbar gewesen, zwischen Städten wie Hamburg und Berlin zu pendeln. Heute gibt es nicht wenige Menschen, die genau dies fast täglich tun, weil es aufgrund der gut ausgebauten Bahnstrecken die Möglichkeit gibt, diese Strecke in eineinhalb Stunden bequem zurückzulegen. Mit jedem Ausbau von Autobahnen und anderen Schnellstraßen findet man die gleichen Effekte.

Die Frage lautet daher: Was bedeutet »Mobilität« wirklich? Sind wir mobiler geworden, weil wir immer mehr Kilometer zurücklegen? Ein modernes Verständnis von Mobilität definierte diese in dem Sinne, dass das Erreichen der gewünschten Orte der entscheidende Punkt ist, nicht aber die zurückgelegte Entfernung. Der Grund, warum wir mobil sind, ist schließlich nicht das Zurücklegen von Wegstrecken, sondern das Erreichen des Ziels. Die Mobilität ist also kein Selbstzweck, sondern ist letztlich – so drückt es der Wiener Mobilitätsforscher Hermann Knoflacher aus – immer ein »Ausdruck eines Mangels am Ort«, an dem wir gerade sind. Um diesen Mangel zu beheben, verändern wir den Ort.

Nach diesem Maßstab sind wir trotz der vielfachen Entfernung, die wir zurücklegen, nicht mobiler geworden, sondern letztlich ähnlich mobil geblieben wie die Menschheit vor knapp 100 Jahren. Dennoch erzeugen wir mit unserer Mobilität heute ein Vielfaches an Verkehr. Damit stellt sich die Frage nach dem Sinn der enormen Beschleunigung in Anbetracht der ökologischen und sozialen Schäden, die sie anrichtet. Fatal ist insbesondere, dass der Verkehr selbst wiederum den »Mangel am Ort« verschärft: Wir wollen dem störenden Verkehr entgehen und wohnen deshalb »im Grünen«, fahren in Erholungsgebiete o. ä. – und erzeugen dabei wiederum Verkehr.

Eine weitere Erkenntnis ist darüber hinaus interessant: Die grundsätzlichen Kenngrößen der Mobilität – Wegezahl und Unterwegszeit – bestehen nicht nur über die langen Zeiträume erstaunlich konstant, sondern sie unterscheiden sich darüber hinaus auch zwischen unterschiedlichen Kulturen nur geringfügig. Auch Menschen, die in einer wesentlich weniger technisch geprägten Umwelt leben als wir, haben sich ihr Leben offenbar vergleichbar eingerichtet. Sie legen dabei nur – wie wir vor 100 Jahren – sehr viel geringere Entfernungen zurück. Es scheint fast, als seien die Wegezahl und die dafür benötigte Zeit eine Art Konstante in unserem Organismus.

Gibt es Möglichkeiten, aus dieser Dynamik des immer weiteren Verkehrswachstums, das uns letztlich doch nicht mobiler macht, auszusteigen? Eine Veränderung wäre ein sehr langfristiger Prozess. Aber nur wenn wir den Zusammenhang zwischen den Siedlungs- und den Mobilitätsstrukturen realisieren, ist ein Gegensteuern möglich – auch wenn das bisher kaum passiert. Bei den politischen Forderungen in Kapitel 3.5 wird dieser Aspekt noch einmal ausführlich beleuchtet.

Einen analogen Trend zu immer mehr und immer weiteren Transporten sowie zu einer gleichzeitigen Verlagerung der Transporte auf die Straße beobachten wir im Güterverkehr – und dieser Trend setzt sich bis heute rapide fort (siehe Abbildung 1). Aufgrund der Beschleunigung des Transports und der niedrigen Preise werden immer mehr Produkte über immer weitere Strecken transportiert. Auch hier gibt es einen Strukturwandel, der einerseits durch diese Transporte erzeugt wird und diese andererseits immer stärker notwendig macht. Die Herstellung vieler Produkte beruht inzwischen auf einer globalen Arbeitsteilung; oft haben die Vorprodukte schon vor dem Verkauf tausende von Kilometern zurückgelegt. Die enormen Wachstumszahlen des Güterverkehrs und die weltweiten Transportströme, die daraus resultieren, sind die Resultate dieser Entwicklung.

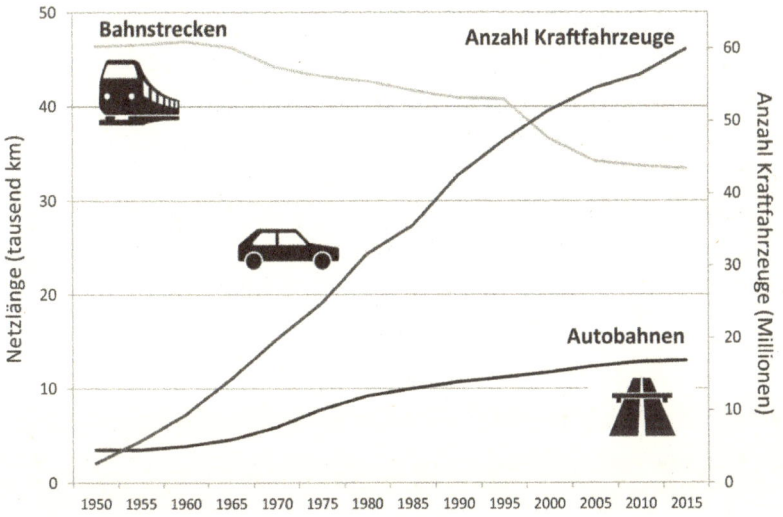

Abbildung 4: Entwicklung der Infrastruktur in Deutschland zwischen 1950 und heute.[11]

Die Politik reagiert auf diese Zunahme des Verkehrsaufwandes, indem immer weitere Straßen und Autobahnen gebaut werden, um der wachsenden Nachfrage Herr zu werden. Das Symbol einer scheinbar unzureichenden Geschwindigkeit dieses Ausbaus ist der Stau. Die Länge des Autobahnnetzes als dem Rückgrat der Auto- und Lkw-Mobilität über Langstrecken illustriert das Wachstum, das bis heute fortgesetzt wird. In

Deutschland umfasst es inzwischen nahezu 13.000 Kilometer, in Österreich über 1.700 Kilometer und in der Schweiz, die sich des dichtesten Autobahnnetzes der Welt rühmt, 1.400 Kilometer. Der immer weitere Ausbau des Netzes schafft dabei einen weiteren Teufelskreis: Denn jede zusätzliche Verbindung, die geschaffen wird, jeder Stau, der durch eine Verbreiterung anscheinend vermieden wird, führt erneut zu einer zusätzlichen Nachfrage: Es fahren wiederum mehr Menschen mit dem Auto, weil es schneller und attraktiver geworden ist. Und damit entstehen wieder neue Engpässe, die dann durch weitere Baumaßnahmen erneut beseitigt werden sollen – ein Kreislauf, der nie zu enden scheint.

Die Erzeugung von Verkehr durch die entsprechende Infrastruktur bezeichnet man als induzierten Verkehr. Selbst bei der – in ökonomischen Fragen nicht gerade progressiven – Weltbank hat sich inzwischen die Erkenntnis durchgesetzt: »Die Schaffung von mehr Straßenraum verführt gewöhnlich zu noch stärkerer Fahrzeugnutzung. Die Erfahrung zeigt, dass die Ausweitung des Straßenbaus nicht der geeignete Weg zu einer staufreien Zukunft ist.« Der Mechanismus zur Verkehrsentstehung mag zwar in den Verkehrswissenschaften gut bekannt sein, scheint jedoch bei vielen Verkehrspolitikern noch nicht anzukommen. Für die meisten gilt noch immer: Es müssten mehr Straßen gebaut werden, um Staus zu beseitigen – wobei sie gerne die angeblichen negativen wirtschaftlichen und ökologischen Auswirkungen der Staus vorrechnen. Verkehr wird als quasi naturgegebenes Phänomen angesehen, der durch Infrastruktur zum Fließen gebracht werden muss.

Es wurden aber nicht nur Verkehrswege für das Zurücklegen längerer Strecke geschaffen, sondern überdies auch die Städte massiv für das Auto umgestaltet. Lange Zeit galt diese Umgestaltung sogar als konkretes Ziel der Stadtplanung, die »autogerechte Stadt« als Ideal. Ein wichtiger Antrieb für diese Entwicklung war die 1933 verabschiedete »Charta von Athen«, das Abschlussdokument des »Kongresses für neues Bauen«, auf dem Stadtplaner und Architekten über »die funktionale Stadt« diskutierten. Die Planer propagierten in der Erklärung eine weitgehende Entmischung der städtischen Funktionsbereiche Wohnen, Arbeiten und Erholung, die durch Grünanlagen voneinander getrennt und durch große Verkehrsachsen verbunden sein sollten. Für die Entwicklung dieser Ideen spielte der schweizerisch-französische Architekt und Stadtplaner Le Corbusier eine entscheidende Rolle; er trieb das Konzept auch nach dem Zweiten Weltkrieg weiter voran. 1959 führte Hans Bernhard Reichow diese Bestrebungen in seinem Buch »Die autogerechte Stadt – Ein Weg aus dem Verkehrs-Chaos« noch weiter und sprach sich neben der Entmischung dafür aus, dass sich alle Planungsmaßnahmen in der Stadt dem ungehinderten Verkehrsfluss des Autos unterzuordnen hätten – beispielsweise sollten Fußgänger in Tunnel unter die Straßen verbannt werden. Er wollte damit einen Gegenpol zu der Konzeption vieler älterer Städte mit den mittelalterlichen Strukturen von engen Straßen und Gassen schaffen, die er im Zeitalter des Autos für nicht mehr zeitgemäß hielt.[12]

Dies klingt für uns heute reichlich extrem, aber diese Konzepte wurden von vielen Stadtplanern zur damaligen Zeit als modern gefeiert und in zahlreichen Städten auch mehr oder weniger weitgehend umgesetzt. Noch heute kann man diese Umsetzungen in vielen Städten besichtigen, die im Zweiten Weltkrieg zu einem großen Anteil zerstört worden waren und in den 1950er-Jahren wieder aufgebaut wurden – beispielsweise in Hannover, Köln oder Westberlin. Auf beiden Seiten des »Eisernen Vorgangs« entstanden Satellitenstädte zum Wohnen am Rand großer Städte, wie sie die Charta von Athen als Vision beschrieben hatte. Die Konsequenz der Entflechtung war aber die Entstehung von immer mehr Verkehr, denn die Menschen mussten schließlich deutlich weitere Strecken von den Wohnbezirken in die Arbeits- und Einkaufsbezirke zurücklegen.

Um diesen Verkehr auch durch die Städte leiten zu können, wurden vielfach große Straßen – oft als kreuzungsfreie Hochstraßen bis hin zu Stadtautobahnen – gebaut. Damit ergab sich gleichzeitig die Möglichkeit, in der Stadt zu arbeiten und trotzdem vor der Stadt »im Grünen« zu leben. Das eine bedingte also auch bei der Umgestaltung der Städte das andere: Menschen nutzen die neuen Straßen und verursachten mit der massenhaften Nutzung gleichzeitig einen wachsenden Verkehr, der dann durch noch mehr größere Straßen aufgefangen wurde. Durch diesen wachsenden Verkehr entwertete man andererseits die Innenstädte, so dass das Wohnen in der Stadt zunehmend unattraktiver wurde. Immer mehr Menschen zogen stattdessen nach »draußen«; oft blieben nur jene in den Innenstädten, die sich nichts anderes leisten konnten. In den USA hat sich dieser Prozess bis zu dem Punkt verselbstständigt, dass viele Städte riesige »Suburbs« – Vorstädte mit großen Straßen und kleinen Häusern mit Gärten – aufweisen oder im Extremfall von einigen Städten wie Los Angeles fast nur noch aus solchen bestehen, während in den Innenstädten fast niemand mehr wohnt. Sowohl in Europa als auch in den USA gibt es in den letzten Jahren aber auch eine Renaissance der Innenstädte mit einem neuen urbanen Leben, das nicht auf das Auto als bevorzugtes Mittel der Bewegung setzt.

Schon in den 1960er-Jahren erkannten einige Experten aber auch die erheblichen Probleme dieser Entwicklung, so der Hannoversche Stadtbaurat Rudolf Hillebrecht: »Die Unbekümmertheit, mit der heute Siedlungen – insbesondere in Form des beliebten Eigenheims – allüberall gebaut werden, ohne daß ihr Anschluß an Massenverkehrsmittel bedacht wird, muß zwangsläufig ihre Bewohner zum individuellen Verkehrsmittel greifen lassen und führt damit ebenso zu einem nicht zu bewältigenden Verkehrsvolumen auf den Straßen wie zu einer verhängnisvollen Reduzierung des Verkehrsanfalls für den öffentlichen Nahverkehr. Eine

Koordinierung des Städtebaus mit der Verkehrsplanung in dem Sinne, daß leistungs- und erweiterungs- und verbesserungsfähige Nahverkehrsmittel zum Ausgangspunkt neuer Wohnanlagen mit entsprechend hoher Siedlungsdichte gemacht werden, ist als Voraussetzung für jede zukünftige, volkswirtschaftlich fundierte Planung notwendig.«[13] Hillebrechts Warnung verhallte ungehört; es wurden noch viele weitere Vorstädte mit eben solchen Strukturen gebaut, die den Autoverkehr enorm begünstigten und die Alternativen im gleichen Zuge immer unattraktiver machten.

In den 1970er- und 1980er-Jahren machten sich die negativen Folgen dieser Entwicklung aber immer deutlicher bemerkbar; man kam langsam von der Idee der strengen Funktionstrennung ab. Heute bemüht man sich im Städtebau stärker um eine Verdichtung und um eine Durchmischung unterschiedlicher Lebensbereiche, um die Notwendigkeit für Verkehr zu verringern und aufgrund der Dichte einen attraktiven öffentlichen Verkehr anbieten zu können. Dennoch sind viele Städte in weiten Teilen entlang der alten Konzepte geplant, und eine Veränderung dieser in Beton gegossenen Strukturen ist alles andere als einfach. Der Mobilitätsforscher Hermann Knoflacher – einer der wenigen seines Fachgebiets, der das Auto kritisch sieht – geht daher sogar so weit, das Auto bewusst zugespitzt und provokativ als Virus zu verstehen, das sich des menschlichen Genoms bemächtigt habe und über das Gehirn dominiere: »Autofahrer sind eine neue mächtige Spezies, die sich dank fossiler Energie mühelos gegen die Menschen durchgesetzt hat und damit auch gegen die Macht des Großhirns und den Verstand. Es gibt eine Fülle von Beweisen, die diese Hypothese untermauern. Gesellschaftliche Institutionen wurden eingerichtet, um die Rechte der Autofahrer gegen die Menschen durchzusetzen. An den Universitäten wird gelehrt, wie die Rechte der Autofahrer gegen die Menschen zu verteidigen, baulich zu manifestieren und strategisch zu sichern sind. Ganze Verwaltungen auf Ebene des Bundes, der Länder und Kommunen stehen im Dienst des Autoverkehrs gegen das Recht der Menschen auf sicheren, gesunden Lebensraum, Freiheit der Mobilität, der Kinder, der Alten, das Recht auf Nahversorgung und Arbeitsplätze in der Nähe usw.«[14]

Die Psychologie des Autos

Ein weiterer Grund für die Liebe zum Auto findet sich auf der psychologischen Ebene und ist im Gegensatz zu den inhärenten Vorteilen und den Erfordernissen durch die gebauten Strukturen nicht rein rational zu erklären. Dabei ist an erster Stelle die Werbung der Autofirmen zu nennen, die noch immer das Image des Autos als Inbegriff von Freiheit und Unabhängigkeit kräftig zu verstärken versucht – auch wenn dies mit der Realität oft wenig zu tun hat. In der Werbung geht es selten um den Verbrauch, den Ausstoß von Abgasen oder andere rationale Argumente, sondern es wird viel mit dem »Fahrspaß« argumentiert. Man sieht oft die – erstaunlich austauschbare – Szene, wie ein glückliches Paar in dem beworbenen Auto bei strahlendem Sonnenschein eine wunderschöne Küstenstraße entlangfährt – selbstverständlich ist auch in der Perspektive aus der Luft weit und breit kein anderes Auto zu sehen. Gleichzeitig weiß eigentlich jeder, dass die Realität auf den Straßen eine völlig andere ist. Die Fahrerinnen und Fahrer verbringen vor allem in Städten einen großen Teil ihrer Zeit in Staus oder »zäh-fließendem Verkehr«, wie es so schön in den Verkehrsnachrichten heißt. Die versprochene Freiheit des Autos wird deswegen immer mehr zur Farce, weil Millionen anderer Menschen sie ebenso suchen. Nirgendwo ist das deutlicher als in Los Angeles, wo es täglich kilometerlange Staus auf den »Freeways« gibt, die das Gebiet des Großraums wie eine Netz durchziehen. Entgegen ihrem Namen sind sie aufgrund des enormen Verkehrsaufkommens niemals frei, und im morgendlichen und nachmittäglichen Pendlerverkehr gibt es täglich Blechschlangen. Wer die Möglichkeit hat, richtet seine Arbeitszeiten nach den stauarmen Zeiten ein. Dabei wird das Freiheitsversprechen des Autos endgültig ins Gegenteil verkehrt.

Das Missverhältnis zwischen dem Freiheitsversprechen, unter dem der Autobesitzer viele tausend Euro in sein Fahrzeug investiert, und der tatsächlichen Realität des Verkehrs ganz besonders in Städten, dürfte eine Menge zu der häufig zu beobachtenden Aggressivität im Straßenverkehr beitragen –wenn etwa Fahrradfahrende von Autofahrenden bewusst ausgebremst werden oder wenn Autos im Ampelstau absichtlich ganz nach rechts gelenkt werden, damit Fahrräder nicht nach vorne hindurchfahren können. Dass die Fahrer von sehr viel billigeren, muskelbetriebenen Fahrzeugen auf zwei Rädern die Freiheit, die den Autofahrern mit der enormen PS-Ausstattung ihres Fahrzeugs versprochen wurde, viel eher genießen können, mag manche Frustration von Autofahrenden in der Stadt erklären.

Dazu kommt der Aspekt der wahrgenommenen Sicherheit im Auto: Man verfügt über seinen eigenen, ganz privaten Raum, den weder ein Fahrrad noch der öffentliche Verkehr bieten können, und in den scheinbar niemand einzudringen vermag. Das Auto wird zum Kokon, der Sicherheit sowohl vor Belästigungen der Mitmenschen als auch vor Unfällen zu bieten scheint. Umso erschreckender muss es für viele Autofahrende sein, wenn andere Menschen von außen gegen die Scheibe klopfen, um sie auf ein gefährliches Verhalten hinzuweisen – was von manchen Autofahrenden mit aggressiven Drohungen bis hin zu Verfolgungsjagden beantwortet wird.

Der drastischste Ausdruck des Autos als mobiler Sicherheitsraum sind die Stadt-Geländewagen alias »Sport Utility Vehicle« (SUV) – die nicht zu Unrecht wegen ihres enormen Spritverbrauchs gescholten werden. Die meisten Fahrer geben als Grund für den Kauf eines solchen zweifelsohne weit überdimensionierten Fahrzeugs die Sicherheit an, die das hoch und stabil gebaute Fahrzeug biete. Diese ist auch nicht von der Hand zu weisen, wird jedoch leider mit der Unsicherheit anderer – den Fahrern von Kleinwagen, aber viel mehr noch Fußgängern und Fahrradfahrern – erkauft. Tests zeigen, dass sie alle bei einer Kollision mit einem SUV deutlich schlechtere Überlebenschancen als bei herkömmlichen Autos haben – während die Insassen des SUV gut geschützt sind. Um diesen Egoismus etwas zu kaschieren, wird von SUV-Fahrern gerne mit der angeblichen Notwendigkeit des Autos für Fahrten durch schwieriges Terrain argumentiert. Das treibt so absurde Blüten wie den Verkauf eines speziellen Schlamm-Sprays in Dosen (extra gefiltert und frei von Steinchen, die den Lack ankratzen könnten!)[15], mit dem der Besitzer dem Stadt-Geländewagen ein Off-Road-Aussehen verpassen kann.

Der dritte wichtige psychologische Aspekt besteht in dem Auto als Statussymbol. Für viele Jahrzehnte galt: Wer mit einem großen und teuren Auto vorfährt, hat es in materieller Hinsicht »geschafft« – selbst wenn das Fahrzeug nur geleast oder auf Kredit finanziert ist, was man ihm nicht ansieht. Besonders im pietistisch geprägten Südwesten Deutschlands gilt der »Daimler« oder eine andere Limousine als fahrender Ausweis von Wohlstand und Rechtschaffenheit.

Die Funktion des Autos als Statussymbol geht jedoch in der Generation der ab 1975 geborenen – inzwischen gerne als »Generation Y« bezeichnet –rapide zurück. War das Auto für die Nachkriegsgeneration noch das Symbol für den gesellschaftlichen Aufstieg, besitzt es diese Funktion für die nächste Generation, die in eben diesem Wohlstand bereits aufgewachsen ist, nicht mehr in dieser Weise. Ganz besonders in den Städten wird das Auto inzwischen eher als unnötiger Klotz am Bein betrachtet. Viele soziologische Studien zeigen, dass der Anteil derer, die sich ein Leben ohne Auto gut vorstellen können oder es sogar schon praktizieren, ansteigt – mit höherer

Bildung sogar besonders stark. Die Jüngeren entscheiden über ihre Mobilität sehr viel pragmatischer als ihre Eltern und setzen eher von Fall zu Fall auf das praktikabelste Verkehrsmittel – was insbesondere durch Smartphones und mobiles Internet extrem vereinfacht worden ist. Als Statussymbole gelten heutzutage eher neue Smartphones und andere Gadgets.

Die Abkehr vom Auto als Statussymbol betrifft bisher nur einen Teil der Bevölkerung, doch der Trend nimmt Studien zufolge immer mehr zu. Das ist natürlich auch der Autoindustrie nicht entgangen, die dadurch den Verkauf der Oberklasse-Limousinen gefährdet sieht. Sie steuert entsprechend gegen und versucht, die Bindung der jüngeren Generation an das Auto nicht völlig verlorengehen zu lassen. Das ist der Grund dafür, dass sowohl Daimler als auch BMW eigene Flotten des »Free floating« Carsharing in den größeren Städten betreiben, bei denen die Autos anders als beim klassischen Carsharing nicht an einer bestimmten Station abgeholt und zurückgebracht werden müssen, sondern in der ganzen Stadt verteilt parken. Mit diesen Flotten, die auch dem öffentlichen Nahverkehr und dem Fahrradverkehr Konkurrenz machen, verdienen die Hersteller Medienberichten zufolge zwar bislang kein Geld.[16] Die hauptsächliche Motivation der Konzerne ist aber eine andere: Sie bauen auf den Effekt, dass die Jüngeren spätestens dann, wenn sie eigene Kinder bekommen, doch ein eigenes Auto kaufen – und dann bevorzugt auf die Marke setzen, an die sie sich vorher beim gelegentlichen Fahren gewöhnt haben. Die Frage des Autos als Statussymbol bleibt daher eine spannende, die noch nicht endgültig beantwortet werden kann. Trotz des beschriebenen Wandels dient das Auto auch heute vielen noch als Herzeigeobjekt; und die Autoindustrie versucht mit der Werbung das ihre dazu beizutragen, dass Autos auch weiter mit physischer und sozialer Potenz verknüpft bleiben.

Die psychologischen Gründe für die Autonutzung sind aber noch deutlich vielschichtiger. Verkehrspsychologen verweisen beispielsweise darauf, dass das Auto – und mehr noch das Motorrad – das Objekt mit der größten physischen Kraft ist, das die meisten Menschen in ihrem Leben selbst steuern. Die hohe Geschwindigkeit und die starken Beschleunigungen bewirkten die Ausschüttung von Hormonen, und die erfolgreiche Bewältigung von schwierigen Situationen habe eine ganz besonders verstärkende Wirkung – was insbesondere bei jungen Männern zu einer regelrechten Suche nach dem Risiko führe. Leider schlägt sich dieser Effekt bekanntlich auch in den Unfallstatistiken heftig nieder. Verkehrspsychologen sehen sogar eine regelrechte emotionale Bindung zum Auto, die der Verbindung von Mutter und Kind ähnele.[17]

Auch wenn letzteres sicherlich nicht für alle Autobesitzerinnen und -besitzer in dem Umfang zutrifft, führen die psychologischen Funktionen des Autos doch dazu, dass seine Bedeutung beileibe nicht nur über die rationalen Aspekte verstanden werden kann. Gerade die emotionalen Funktionen des Autos sorgen dafür, dass es für viele Menschen schwer wegzudenken ist.

Kann das Auto seine Bedeutung wieder verlieren?

Das Auto hat seine enorme Bedeutung also aufgrund verschiedener sehr vielschichtiger Ursachen gewonnen. Seine Vorteile, vor allem seine Bequemlichkeit, sind unzweifelhaft. Viele Aspekte davon können aber auch von anderen Verkehrsmitteln auf andere Weise ermöglicht werden. Um das Wie wird es im nächsten Teil des Buches noch ausführlich gehen. Aber auch die Politik ist gefordert, um insbesondere den beschriebenen Teufelskreis aus Straßenbau und wachsender Autonutzung zu durchbrechen und viele autofreundliche und Alternativen-feindliche Regelungen abzubauen – was in Kapitel 3 noch Thema sein wird. Der Prozess des Strukturwandels weg von der Auto-Notwendigkeit kann aber nur sehr langsam vonstattengehen. Wir werden uns dabei von einigen alten Denkmustern verabschieden müssen. Die Idee der Suffizienz – also der Frage danach, was genug ist und was für ein glückliches Leben notwendig ist und was nicht – wird dabei eine viel größere Rolle spielen müssen als bislang.

Dass die urbane jüngere Generation wie oben dargestellt deutlich pragmatischer in der Verkehrsmittelwahl und weniger autobegeistert ist, macht immerhin Hoffnung, dass die Bedeutung des Autos allmählich schwindet. Dieser Prozess könnte noch beschleunigt werden, falls die neuerdings viel beschworenen »selbstfahrenden Autos« tatsächlich auf den Markt kommen und die pragmatische Nutzung zur Fortbewegung anstelle von »Fahrspaß« und Emotionalität damit mehr in den Vordergrund treten könnte. Auch damit ist die Ära des Autos zwar noch lange nicht vorüber, aber es büßt einen Teil seiner scheinbar unveränderlichen Position ein.

1.3.   Was kann autofreies Leben bringen?

»Das Automobil ist schuld an der Immobilität.«
Fritz P. Rinnhofer (Autor)

»Es muss peinlich werden, große Autos zu fahren und Energie zu verschwenden, als gäbe es kein Morgen.«
Claus Leggewie (Direktor des Kulturwissenschaftlichen Instituts in Essen)

Die letzten beiden Abschnitte haben deutlich gemacht, wie das Auto im Laufe des letzten Jahrhunderts immer mehr zum Inbegriff von Mobilität und – aufgrund der Veränderung der Strukturen – für viele Menschen zum unverzichtbaren Alltagswerkzeug geworden ist. Unbestreitbar weist das Auto für den Einzelnen an vielen Stellen praktische Seiten auf. Und die Autos werden doch immer sparsamer und effizienter, und so viel fährt man ja am Ende auch nicht, oder?

Die Frage ist also: Was bringt der individuelle Verzicht auf das Auto wirklich? Ändert es tatsächlich etwas zum Besseren, wenn ich selbst weniger oder nicht Auto fahre und dafür auf persönlichen Komfort verzichte? Dieses Kapitel soll näher beleuchten, wie das Auto im Vergleich zu anderen Verkehrsmitteln abschneidet, was es tatsächlich kostet und auch welche Nachteile es gegenüber den alternativen Verkehrsmitteln für die Benutzerinnen und Benutzer hat. Daher geht es letztlich nicht nur um die Frage, ob man aus »Gutmenschentum« – wie das Verantwortungsgefühl für das große Ganze oft abwertend bezeichnet wird – auf das Auto verzichtet, sondern auch welche individuelle Erleichterung der bewusste Verzicht darstellen kann.

Vergleich der Verkehrsmittel

Für manche Menschen steht von vornherein fest, welches Verkehrsmittel sie im täglichen Leben benutzen – sie haben schlichtweg keine Auswahl, weil die gebauten Strukturen sie auf ein Verkehrsmittel festlegen. Viele Menschen stehen aber immer wieder vor der Entscheidung: Nehme ich heute das Fahrrad, das Auto oder den öffentlichen Nahverkehr? Benutze ich für meine Fernreise die Bahn, das Auto oder das Flugzeug? Diese Entscheidungen haben einen großen Einfluss darauf, wie viel Energie wir für unsere Mobilität verbrauchen und welche Folgen wir damit verursachen.

Der motorisierte Straßenverkehr – womit zum weit überwiegenden Teil das Auto gemeint ist – nimmt sich generell deutlich energieaufwendiger aus und führt damit zu sehr viel stärkeren spezifischen Emissionen als andere Verkehrsarten. Nur der Luftverkehr schneidet in dieser Hinsicht ähnlich schlecht ab wie das Auto. Der Grund für den hohen Energieaufwand des

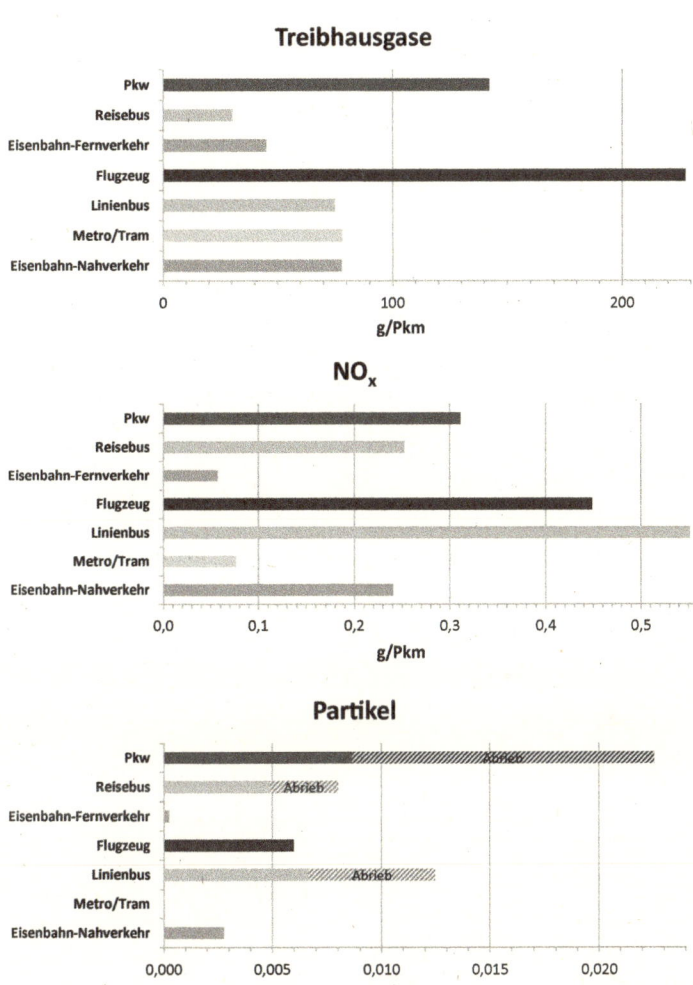

Abbildung 5: Ausstoß unterschiedlicher Treibhausgase im Personenverkehr bezogen auf die Transportleistung (Personenkilometer). In diesen Berechnungen ist die gesamte Vorkette (Herkunft der Energie) miteinbezogen.[18]

Autos liegt vor allem in der starken Reibung der Reifen auf der Straße: Der Rollreibungswiderstand zwischen einem Gummireifen und dem Straßenbelag ist etwa zehnmal größer als der eines Eisenbahnrads auf der Schiene. Schon rein aufgrund der Physik fährt die Bahn daher deutlich energieeffizienter – ebenso wie Schiffe, bei denen die Reibung durch das Schwimmen minimal ist. Die Nachteile dieser geringen Reibung bei der Bahn sind übrigens die längeren Bremswege, die durch eine ausgeklügelte Leit- und Sicherungstechnik kompensiert werden müssen, und die begrenzte Möglichkeit zum Überwinden von Steigungen. Und auch in Hinblick auf die Aerodynamik schneidet das Auto schlechter ab als der öffentliche Verkehr, weil jedes Auto einen erheblichen Luftwiderstand aufweist, während in einem Zug – oder auch in einem Bus – viele Menschen oder auch Güter in einer aerodynamisch günstigeren »Schlange« transportiert werden.

Diese Betrachtungen spiegeln sich in den Schadstoffausstößen der unterschiedlichen Verkehrsmittel wider, wie in Abbildung 5 ersichtlich. Die Werte sind jeweils bezogen auf einen Personenkilometer; das ist jene Vergleichseinheit, die einen Kilometer bezeichnet, den eine Person mit dem jeweiligen Verkehrsmittel zurücklegt. So ist der Ausstoß von Klimagasen eines (durchschnittlich mit 1,5 Personen besetzten) Pkw im Fernverkehr etwa dreimal so hoch wie eines (mit 44 Prozent ebenfalls durchschnittlich besetzten) Zuges auf der gleichen Strecke. Reisebusse machen sich hier bislang sogar noch etwas besser, da sie in der Regel deutlich höher ausgelastet sind, sodass der umgerechnete Schadstoffausstoß pro Person geringer gerät. Beim Fernbusverkehr als Linienverkehr wird diese vergleichsweise hohe Auslastung allerdings kaum erreicht. Busse fahren außerdem im Vergleich zum Bahn-Fernverkehr langsamer, was ebenfalls Energie spart. Das Flugzeug schädigt aufgrund des hohen Energieaufwandes und des besonders schädlichen Ausstoßes der Abgase direkt in der Atmosphäre das Klima mit Abstand am meisten. Noch deutlicher zeigt sich die Verteilung beim Ausstoß an Stickoxiden (NOx), die die Atemwege schädigen und für Smog verantwortlich sind. Dass viele Fahrzeuge im tatsächlichen Betrieb die Herstellerangaben noch weit überschreiten, ist bei dieser Betrachtung noch nicht einmal einbezogen. Und beim Ausstoß von Feinstaubpartikeln liefert der Straßenverkehr (inklusive Bussen) generell sehr viel schlechtere Ergebnisse ab als der schienengebundene Verkehr – der Grund hierfür sind die Verbrennungsmotoren und der Abrieb der Gummireifen auf der Straße.

Diese Verteilung bezieht sich wohlgemerkt immer auf die Durchschnittswerte einer zurückgelegten Strecke mit den unterschiedlichen Verkehrsmitteln; individuell können die Resultate sehr unterschiedlich aussehen. So wird die Bilanz eines voll besetzten Autos pro Person entsprechend besser, ebenso aber auch die eines voll besetzten Zuges. Tatsächlich ist das Auto in den meisten Fällen aber nur mit einer Person besetzt. Die Statistik besagt, dass in mehr als zwei Dritteln der Fahrzeuge keine weiteren Insassen als die Fahrerinnen oder Fahrer sitzen. Das bedeutet: In der überwiegenden Zahl der Fälle werden ein bis zwei Tonnen Automobil für lediglich 60 bis 120 Kilogramm Mensch bewegt. Dieses Verhältnis stellt eine unglaubliche Ineffizienz dar: Das Fahrzeug selbst ist rund zehnmal schwerer als der zu transportierende Inhalt. Kaum verwunderlich, dass der energetische Wirkungsgrad des Autos extrem schlecht ausfällt – was durch die geringe Effizienz der Verbrennungsmotoren, die viel Energie in Wärme umwandeln, weiter gesteigert wird. Verschärft wird dies noch dadurch, dass die meisten Autos weit übermotorisiert sind und dadurch zu viel Energie benötigen. Die Motorisierung und das Gewicht der Autos nehmen über die Jahre immer weiter zu und machen damit auch alle Bemühungen um eine höhere Effizienz der Motoren zunichte. In Kapitel 1.1 wurde schon die Entwicklung des VW Golf als Beispiel genannt, der seit den 1970ern von unter 800 kg auf inzwischen 1,2 Tonnen zugelegt hat – und daher heute noch immer genauso viel verbraucht wie damals.

Auch die Bahn besitzt übrigens ein eher ungünstiges Verhältnis von Leergewicht zu den transportierten Personen, aber sie hat wie oben bereits verdeutlicht eine geringere Reibung, eine bessere Aerodynamik und muss seltener abbremsen und beschleunigen, was alles zu der deutlich besseren Energieeffizienz beiträgt.

Die Betrachtungen der Energieeffizienz sind aber unvollständig, wenn nur der Energieverbrauch und der Schadstoffausstoß im Betrieb betrachtet werden. In Ergänzung dazu muss man auch die Produktion der Fahrzeuge und die Entsorgung am Ende der Lebensdauer mit in Betracht ziehen, wenn man die Auswirkungen wirklich verstehen will. Und der Beitrag dieser sogenannten »grauen Energie« kann durchaus erheblich sein, da die Produktion von Fahrzeugen sehr energie- und ressourcenaufwendig ist. Rund ein Sechstel des Gesamt-Energieverbrauchs über die Lebensdauer eines durchschnittlich genutzten Autos steckt alleine in der Produktion – mit den entsprechenden Konsequenzen für das Klima. Beim Elektroauto ist der Energie- und Ressourcenverbrauch für die Produktion im Übrigen nochmals deutlich höher, da es sehr viel mehr Technik enthält und insbesondere die Batterien sehr aufwändig zu produzieren – und später auch wieder zu entsorgen – sind. Daher macht hier die Energie für die Herstellung des Fahrzeugs sogar mehr als ein Drittel der Gesamtenergie über die Lebensdauer aus – und frisst damit einen erheblichen Teil der Energieeinsparung im Betrieb wieder auf.[19]

Noch deutlich schlechter wird das Verhältnis von Produktionsenergie zur Energie im Betrieb, wenn das Auto wenig genutzt wird. Deswegen ist auch ein wenig genutztes Auto alles andere als klimafreundlich, denn es steckt ja trotzdem viel Energie in der Produktion – und die Lebensdauer des Autos ist so oder so begrenzt. Hier liegt der entscheidende Vorteil des öffentlichen Verkehrs: Die Produktion von Bussen und Bahnen ist zwar ebenfalls sehr energieaufwändig, aber die Fahrzeuge werden mehr oder weniger rund um die Uhr und von sehr vielen Menschen gleichzeitig genutzt – was die Gesamt-Energieeffizienz deutlich erhöht. Das durchschnittlich genutzte Auto wird hingegen gerade einmal 40 Minuten am Tag bewegt, steht also umgekehrt mehr als 23 Stunden nutzlos herum – und nimmt dabei überdies sehr viel Platz in Anspruch.

Um die Dimension zu verdeutlichen, kann man sich die gesamte Produktivität des Autos vor Augen führen: Bedenkt man, dass im Schnitt gerade einmal 10 Prozent der transportierten Masse der Mensch ist (und 90 Prozent das Transportmittel selbst), der energetische Wirkungsgrad des Motors weniger als 20 Prozent beträgt und die Betriebszeit nicht einmal 3 Prozent, dann ist die Nutzung der Ressourcen durch das Auto extrem ineffizient. Auch wenn man wegen der unterschiedlichen Arten der Nutzung nur Durchschnittswerte ableiten kann und die tatsächlichen Werte von vielen Variablen abhängen, lässt sich eine generelle Rangfolge der motorisierten Verkehrsmittel ableiten: Mit Bussen und Bahnen fährt man in Hinblick auf den Energieverbrauch und den Schadstoffausstoß am schonendsten, das Auto liegt deutlich schlechter, und das Flugzeug verursacht mit Abstand die schädlichsten Folgen – vor allem deswegen, weil es mit dem Ausstoß direkt in der Atmosphäre besonders hohe Schäden anrichtet. An der Spitze der schonenden Verkehrsmittel stehen allerdings Fußverkehr und das Fahrrad, die im Betrieb nur die menschliche Energie benötigen.

Die generelle Verteilung des Energieverbrauchs und der Klimabelastung auf die Verkehrsmittel sieht im Güterverkehr im Übrigen nicht viel anders aus als im Personenverkehr: Auch hier schneidet die Bahn – gemeinsam mit dem Binnenschiff als zusätzliche Option – bezogen auf die transportierte Tonne über eine bestimmte Strecke viel besser ab als der Lkw. Der Grund dafür ist vor allem, dass die gleichen Betrachtungen für die Reibung und den Luftwiderstand gelten, die für den Personenverkehr dargelegt wurden. Und auch beim Transport von Gütern stößt das Flugzeug mit Abstand die meisten Schadstoffe aus.

Das Ergebnis dieser zugegebenermaßen etwas komplexen Betrachtungen ist: Der Verzicht aufs Auto – und im Übrigen auch auf Flugreisen – macht tatsächlich einen großen Unterschied. Auch wenn die Wirkung des eigenen Tuns in Anbetracht von mehr als 6 Milliarden Menschen auf der Erde begrenzt erscheinen mag, macht doch jeder Beitrag etwas aus. Dabei darf man auch den psychologischen Effekt nicht unterschätzen: Wer selbst ohne eigenes Auto lebt – oder die Nutzung zumindest deutlich reduziert – zeigt auch anderen, dass dies möglich ist. Das eigene Tun und die Weitergabe der Informationen, wie es geht, kann andere auf den Geschmack bringen.

Die Kosten des Autos

Aber es würde viel zu kurz greifen, ein Leben ohne oder fast ohne Auto nur als Verlust zu betrachten. Denn ein eigenes Auto ist auch eine Belastung – nicht nur finanziell, sondern es benötigt viel Zeit und Aufmerksamkeit: Es muss gekauft, instandgehalten, repariert, geparkt und gepflegt werden. Und den überwiegenden Teil der Zeit steht es doch nur nutzlos herum. All die Ressourcen, die sonst in das Auto fließen würden, können für anderes besser genutzt werden. Wer sich einmal auf diese Gedanken einlässt, wird selbst die Vorteile zu schätzen lernen.

Das Thema Geld drängt sich dabei zuerst auf. Die meisten Autobesitzenden haben viele Kosten des Autos gar nicht vollständig im Blick, sondern betrachten im täglichen Leben fast nur die reinen Betriebskosten – also vor allem Kraftstoff und Pflege. Besonders um die Kosten für Benzin oder Diesel entbrennen regelmäßig emotionale Debatten. Dabei haben sie an den Gesamtkosten eigentlich nur einen kleinen Anteil. Der größte

Posten ist der monatliche Wertverlust – also letztlich der Unterschied zwischen dem Anschaffungspreis und dem Preis, den man später beim Weiterverkauf noch erzielen kann; die Betriebswirtschaftler bezeichnen dies als »Abschreibungen«. Dazu kommen die Fixkosten wie Versicherung, Kfz-Steuer, Parkgebühren, Zubehör, technische Untersuchungen etc., die ebenfalls weitgehend unabhängig von der tatsächlichen Benutzung anfallen, sowie die Kosten für Reparaturen, Verschleißteile, neue Reifen u. ä.

Wenn man all diese – realen – monatlichen Kosten des Autos addiert, kommt man selbst für einen Kleinwagen ohne besonderen Luxus auf rund 400 Euro im Monat. Ein VW Polo schlägt pro Monat beispielsweise mit 413 Euro zu Buche und kostet damit umgerechnet auf eine durchschnittliche Laufleistung für jeden Kilometer 33 Cent. Und bei einem Porsche Cayenne Turbo S sind es schon 2.626 Euro pro Monat – oder rund 2,10 Euro auf jeden gefahrenen Kilometer. All diese Daten stammen vom ADAC, der sicher nicht im Verdacht steht, das Auto schlechtrechnen zu wollen.[20] Wer konsequent günstige gebrauchte Autos kauft, wird weniger pro Kilometer bezahlen, aber dennoch gilt: Der Durchschnitts-Deutsche gibt in seinem ganzen Leben 312.000 Euro für Autos aus. Das bedeutet im Umkehrschluss: Der Verzicht auf ein Auto spart eine ansehnliche Menge Geld. Zwar sind auch die Mobilitätsalternativen nicht gratis, aber in Anbetracht der monatlichen Beträge, die ein Auto verschluckt, relativiert sich der Anschaffungspreis eines Fahrrades oder die Monatskarte für den öffentlichen Nahverkehr doch erheblich. Und selbst eine Bahn-Card 100, eine ÖsterreichCard oder ein Schweizer Generalabonnement als Dauer-Freifahrkarte im gesamten Bahnnetz erscheint plötzlich gar nicht mehr so teuer.

Tatsächlich stellen die meisten Autobesitzenden genau diese Rechnung nicht an. Sie kalkulieren für die einzelne Reise nur die Spritkosten, jedoch nicht all die sonstigen Ausgaben, die ebenfalls mit dem Auto im

Zusammenhang stehen. Und das Besondere am Auto ist ja gerade, dass ein großer Teil der Abgaben Fixkosten sind, also fast unabhängig von der Intensität der Benutzung anfallen. Das ist im Umkehrschluss aber ein starkes Argument dafür, erst gar kein Auto zu besitzen. Wer nur selten eines benötigt, fährt mit einem geteilten Auto – ob mit kommerziellem Carsharing oder privat organisiert mit Freunden oder Bekannten – in jedem Falle günstiger. Die Kosten, die für ein Carsharing-Auto pro Stunde und pro Kilometer anfallen, spiegeln ziemlich gut die realen Autokosten wider, weswegen man für jede Fahrt eine vernünftige Entscheidung zwischen den verschiedenen Verkehrsmitteln treffen kann.

Aber ein Auto kostet nicht nur Geld, es kostet auch Zeit – und auch das nicht zu knapp. Zum einen kostet es schlichtweg Arbeitszeit, um das Geld zu verdienen, das es verschlingt. Der andere Aspekt aber ist das Fahren selbst: Ein Auto funktioniert zumindest bislang nur dann, wenn es jemand lenkt. Sobald es fährt, benötigt es die volle Aufmerksamkeit eines Menschen. Die Autohersteller versprechen zwar, dass Autos in Zukunft selbst fahren. Es ist aber nicht absehbar, wann tatsächlich alle Passagiere gemütlich und entspannt im Auto sitzen werden, während der Bordcomputer das Fahren zuverlässig ganz alleine übernimmt. Auf der Autobahn mag das noch vorstellbar sein, aber im Stadtverkehr sind alleine schon die Haftungsfragen bei Unfällen in schwer überschaubaren Verkehrssituationen problematisch, von den technischen Risiken ganz abgesehen.

Aber die Möglichkeit, einfach so dazusitzen und die Zeit für anderes zu nutzen, gibt es auch heute schon – und zwar im öffentlichen Verkehr. Je nachdem wie lange man unterwegs ist, schenkt die Fahrt mit Bahn oder Bus letztlich eine Menge Zeit – zum Lesen, Musikhören, Sich-Unterhalten oder (mit der immer besseren WLAN-Ausstattung in den Verkehrsmitteln) auch zum Arbeiten. Mit dem Slogan »Diese Zeit gehört Dir« bewirbt die Deutsche Bahn treffend dieses Argument.

Aber neben Geld und Zeit stiehlt ein Auto auch noch eine weitere wertvolle Ressource: nämlich unsere Aufmerksamkeit und Energie. Ein Auto muss geparkt, betankt, gereinigt und instandgehalten werden, es muss regelmäßig zur Wartung, Reparatur, Inspektion, Reifenwechsel – und wenn man Pech hat, wird es aufgebrochen oder angefahren, was weiteren Ärger mit Versicherungen und Werkstätten nach sich zieht. Wie praktisch ist es doch dagegen, all diese Arbeiten einfach Profis überlassen zu können: Um den Unterhalt von Bussen, Bahnen oder Carsharing-Autos muss man sich nicht selbst kümmern. Die Energie kann man stattdessen sehr viel besser für anderes nutzen: für die Familie oder Freunde, für gutes Essen, spannende Bücher oder Filme.

Der Philosoph Ivan Illich hat ein Konzept entwickelt, wie Zeit und Geld für das Auto sich miteinander verrechnen lassen: die »Realgeschwindigkeit«. Er rechnet nicht nur die Zeit, die man direkt für das Auto benötigt, sondern auch die Arbeitszeit, um das benötigte Geld zu verdienen. Für einen durchschnittlichen Städter kam er auf 1.600 Stunden im Jahr, die er letztlich mit dem und für das Auto verbringt. Bringt man das ins Verhältnis mit der zurückgelegten Strecke, kommt man auf eine – seiner Auffassung nach »reale« – Durchschnittsgeschwindigkeit von nicht einmal 8 Kilometern pro Stunde. Damit sieht das Auto gegenüber dem Fahrrad dann doch sehr alt aus. Illichs Schlussfolgerung: »Das Fahrrad ist der perfekte Apparat, der die metabolische Energie des Menschen befähigt, den Bewegungswiderstand zu überwinden. Mit diesem Gerät ausgestattet, übertrifft der Mensch nicht nur die Leistung aller Maschinen, sondern auch die aller Tiere.«[21] Einige der Alternativen zum Auto haben noch weitere entscheidende Vorteile, nämlich für die Gesundheit. Wer zu Fuß oder mit dem Fahrrad unterwegs ist – und das gilt auch schon für recht kurze Strecken, tut eine Menge für den eigenen Körper. Zahlreiche Studien zeigen die positiven

Effekte der leichten, aber regelmäßigen körperlichen Betätigung. Der Blutdruck wird gesenkt, Körperfett wird abgebaut, und es gibt sogar eine messbare Verlängerung der Lebenserwartung. Die Lenkbewegungen im Auto und das Treten von Gaspedal, Kupplung und Bremse können das nicht ersetzen. Das Sitzen in Bussen und Bahnen zwar auch nicht, aber der öffentliche Verkehr ist in der Regel ja auch mit einem gewissen Stück Weg zu Fuß oder mit dem Fahrrad bis zur Haltestelle verbunden.

Und der öffentliche Verkehr hat noch in einer zweiten Hinsicht extrem positive gesundheitliche Auswirkungen: Das Risiko zu Verunglücken ist in Bussen und Bahnen um ein Vielfaches geringer als im Auto. In der Bahn ist die Anzahl der getöteten Reisenden bezogen auf die Personen-kilometer um den Faktor 63 geringer als im Auto, im Bus immer noch um den Faktor 14.[22]

Verzicht als Gewinn?

Der Verzicht auf ein Auto – ob vollständig oder zumindest zum Teil – ist also viel mehr als nur ein symbolischer Beitrag zu einer besseren Welt. Auch unabhängig vom großen Ganzen – der Gesellschaft, dem Klima und der Umwelt – bringt dieser Schritt eine Menge, nicht zuletzt auch für das eigene gute Leben. Er kann helfen, das Leben zu entschlacken, es einfacher und unbelasteter zu halten. Und er kann uns helfen, unsere Mobilitätsmuster zu hinterfragen und neue Lösungen zu finden.

Umgekehrt heißt das aber nicht, dass dieser Schritt alleine stehen muss. Wer sich für das Klima engagieren möchte, kann zwar mit weniger Autofahren schon einiges bewirken, aber Fragen von Konsum, Ernährung, Wohnen, Energieverbrauch und vielem anderen spielen ebenso eine große Rolle. Und auch für die Vereinfachung des Lebens und für die Gesundheit gibt es selbstverständlich viele weitere Optionen.

Gleichzeitig muss man aber auch anerkennen: Autofreies Leben wird in naher Zukunft nicht für alle funktionieren. Insbesondere in dünn besiedelten ländlichen Gegenden mit großen Entfernungen und schlechtem öffentlichen Verkehr gibt es in unserem heutigen System (siehe Kapitel 1.2) unbestreitbare Notwendigkeiten für das Auto. Aber jeder kann zumindest über eine deutliche Reduktion der Autonutzung nachdenken. Und auch die Notwendigkeiten durch die Strukturen sind nicht absolut. Sie lassen sich immer dann beeinflussen, wenn man grundlegende Lebensentscheidungen trifft. Bei der Wahl des Wohnorts oder der Arbeitsstelle lassen sich beispielsweise die Notwendigkeiten neu ausrichten. Und schlechte Rahmenbedingungen können politisch verändert werden.

Das nächste Kapitel bietet viele konkrete Ideen und Vorschläge, wie es sich gut autofrei oder autoreduziert leben lässt, ohne dabei allzu viel Lebensqualität zu verlieren. Es zeigt umgekehrt sogar, dass man in einigen Aspekten eine Menge gewinnt.

2. Leben ohne Auto, wie geht das?

»Seit fünf Jahren habe ich kein Auto mehr. Autofahren ist also heilbar.«
Franz Alt (Journalist und Autor) im April 2015

Autofrei leben, das klingt irgendwie gut? Die Argumente überzeugen? Aber es ist noch nicht so ganz klar, wie das gehen soll.

In den letzten Kapiteln ging es um Mobilität, Verkehr und vor allem um das Auto: viele Erklärungen, viele Argumente, letztlich aber doch Theorie. Die Lust zum autofreien Leben mag dabei zugenommen haben, aber wie kann das konkret und praktisch gehen? Dieses Buch ist nicht nur eine theoretische Abhandlung, warum das Leben ohne – oder mit weniger – Auto eine gute Sache ist, sondern es soll auch ein praktischer Ratgeber sein, wie das funktionieren kann.

Dieses Kapitel soll Möglichkeiten aufzeigen, die eigene Mobilität ohne Auto umzusetzen. Es soll Ideen und Hilfestellungen geben, wie das gelingen kann, ohne sich allzu sehr einzuschränken – und oft sogar mit einem Zugewinn an Lebensqualität. Die einzelnen Unterkapitel behandeln die verschiedenen Mobilitätszwecke – die Alltagsmobilität mit Wegen zur Arbeit, Schule, Kita und anderem, das Einkaufen, Ausflüge sowie Urlaubsreisen und Geschäftsreisen. Zu jedem Bereich gibt es auch noch weiterführende Ressourcen, die zusätzliche Informationen für die eigene Lebenssituationen geben können.

Dabei sollten all diese Ideen nicht als »Patentlösungen« missverstanden werden, die für alle gleichermaßen funktionieren. Eher sind es Denkanstöße für eigene Verhaltensänderungen – und manchmal auch für grundlegende Entscheidungen im Leben.

2.1. Das Leben autofrei einrichten

»Verkaufen Sie Ihr Auto. Schon müssen Sie nicht mehr im Stau stehen, keine Umleitungen fahren und keinen Parkplatz suchen. Mehr Nichtstun lässt sich auf einen Schlag nicht gewinnen.«
Björn Kern (Autor) in »Macht nichts« (Die Zeit Nr. 11/2016)

Fast jeden Tag fahren wir und unsere Kinder zur Arbeit, Ausbildung, Schule oder Kita, wir wollen zu Freizeitaktivitäten, wir müssen einkaufen und Termine wahrnehmen. Für viele ist das Auto für alle diese Wege das selbstverständliche Transportmittel – so selbstverständlich, dass man immer wieder hört, ohne ginge es gar nicht. Das mag im Einzelfall stimmen, aber oft gibt es durchaus Alternativen – auch wenn sie nicht immer sofort sichtbar sind und manchmal etwas mehr Organisation benötigen. Meist ist es in Städten sehr viel einfacher, den Alltag ohne Auto zu organisieren, als auf dem Land – was umgekehrt nicht heißt, dass es nicht auch in vielen ländlichen Gegenden gute Mobilitätsalternativen zumindest für einige Bereiche des Lebens gibt. Langfristige Lebensentscheidungen, ganz besonders der Wohnort und die Arbeitsstelle, wirken sich ganz entscheidend darauf aus, ob man im Alltag auf das Auto verzichten kann oder nicht. Die meisten Menschen treffen diese Entscheidungen nicht primär nach den damit verbundenen Mobilitätsoptionen – aber genau dies ist eine der Konsequenzen, die später über die Lebensqualität entscheiden. Daher macht es viel Sinn, die Mobilität bei solchen Entschlüssen im Auge zu behalten. Konkret kann das heißen: Wie gut sind Wohnort oder Arbeitsstelle mit dem öffentlichen Verkehr erreichbar, ist die Entfernung mit dem Fahrrad oder sogar zu Fuß zu bewältigen?

Der »richtige« Wohnort

Bei grundsätzlichen Lebensentscheidungen, insbesondere vor einem Umzug, macht es daher Sinn, sich den Alltag am neuen Ort schon einmal ganz konkret zu durchdenken. Wie wäre man an einem typischen Tag unterwegs, welche Mobilitätsoptionen gibt es für die Wege? Wo befindet sich die nächste Haltestelle des öffentlichen Nahverkehrs und wie häufig wird sie tagsüber angefahren, wie häufig am Wochenende, bis zu welcher Zeit am Abend? Mit welchem Umsteige- und Zeitaufwand kommt man von dort zu den Orten, die man regelmäßig erreichen muss? Diese Informationen findet man am besten auf den Internetseiten der lokalen Verkehrsbetriebe oder des Verkehrsverbundes – oder in den entsprechenden Apps für das Smartphone, wo man sich die typischen Verbindungen für diese Zwecke anzeigen lassen kann. Die gleichen Fragen kann man auch für Verbindungen zu Fuß oder mit dem Fahrrad stellen: Wie weit ist es, gibt es schöne und praktikable Wege? Der praktische Selbstversuch ist natürlich noch besser – und hilft dabei, ein Gefühl für den neuen Ort und den Aufwand zu bekommen, der mit der Mobilität dort verbunden ist. Natürlich wird die Mobilität für niemanden der einzige entscheidende Faktor bei der Entscheidung für einen neuen Wohnort sein – sonst würden alle nur noch direkt am Bahnhof wohnen. Es macht aber viel Sinn, diesen Umstand in die Entscheidung mit einfließen zu lassen. Denn die Mobilität hat letztlich eine Menge mit der Lebensqualität am neuen Ort zu tun – und nicht zuletzt auch mit den Kosten, insbesondere wenn es um die Anzahl der Autos geht, die man zur Bewältigung des Alltags benötigt.

Auch wenn das Leben »im Grünen« für viele ein großer Wunsch ist, hat es leider oft einen entscheidenden Nachteil: Siedlungen mit vielen kleinen Häusern und Gärten haben keine sonderlich hohe Dichte; es wohnen dort also vergleichsweise wenige Menschen bezogen auf die Fläche. Das hat zur Folge, dass Haltestellen von Bussen und Bahnen meistens recht weit entfernt liegen. Buslinien und erst recht Schienenverbindungen durch dünn besiedelte Gegenden lohnen sich einfach nicht. Dieses Problem lässt sich oft aber durch die Kombination von Fahrrad und öffentlichem Verkehr lösen: Man fährt das erste Stück mit dem Rad, schließt es an der Haltestelle ab, und ist dann für die größeren Strecken mit dem öffentlichen Verkehr unterwegs. So kommt zu dem Sitzen in Bussen und Bahnen gleich noch ein bisschen gesunde Bewegung auf dem Fahrrad – oder auch zu Fuß.

In Hinblick auf das Angebot des öffentlichen Verkehrs bieten Innenstädte sehr viel mehr Möglichkeiten. Weil die Bevölkerungsdichte hier deutlich höher ausfällt, ist es meist auch nicht weit bis zur nächsten Haltestelle, was wiederum die autofreie Mobilität enorm vereinfacht. Gleichzeitig ist das Abstellen von Autos dort oft ein großes Problem, was das Leben ohne Auto zusätzlich attraktiver macht. Nicht umsonst lebt in großen Städten wie Berlin oder Hamburg ungefähr die Hälfte der Haushalte schon jetzt völlig ohne Auto.

Es gibt aber auch gute Kompromisse aus dem Leben im Grünen und dem Leben ohne Auto: Man kann die Nähe zu Haltestellen des öffentlichen Verkehrs bewusst suchen. Eine andere Möglichkeit sind autofreie Wohnprojekte. Wer nicht nur selbst auf das Auto verzichten möchte, sondern auch weniger Autos um sicher herum sehen, hören und riechen möchte, fühlt sich in solch einer Umgebung möglicherweise wohl. Das gemeinsame Leben ohne Auto ermöglicht vieles, was alleine nicht umsetzbar ist: Man teilt sich Autos für die gelegentliche Nutzung, ebenso Lastenfahrräder zum Einkaufen, und Lebensmittel kann man sich als größere Gruppe umso einfacher liefern lassen und eine eigene »FoodCoop« für die regionale Belieferung direkt von den Produzenten aufbauen. Solche autofreien Wohnprojekte gibt es bereits an vielen Orten in Deutschland oder der Schweiz. Eine gute Übersicht ist auf der Seite www.autofrei.de zu finden.[23] Auch auf der Seite »Ökosiedlungen« finden sich weitere Projekte: www.oekosiedlungen.de. Und viele dieser Initiativen helfen auch gerne weiter, wenn man selbst ein neues Wohnheim aufbauen und von den Erfahrungen der anderen profitieren möchte. Autofreie Wohnprojekte haben übrigens neben dem angenehmen Leben dort einen entscheiden-den Vorteil: Der Verzicht auf Stellplätze oder gar Tiefgaragen senkt die Baukosten deutlich. Allerdings muss man sich je nach der Gemeinde und dem Bundesland dann mit den örtlichen Stellplatzsatzungen[24] befassen, die in der Regel eine bestimmte Anzahl an Parkplätzen für jede Wohnung vorschreiben. Für explizit autofreie Wohnprojekte lassen sich häufig Aus-nahmen verhandeln, aber das erfordert meist einiges Geschick – einer der Gründe, sich von anderen beraten zu lassen, die genau diesen Prozess schon durchgemacht haben.

Autofrei oder autoreduziert?

Ein Umzug ist aber eine sehr grundlegende Entscheidung, die für die meisten Menschen nur sehr selten im Leben ansteht. Vieles lässt sich aber auch so im täglichen Leben umsetzen, ohne gleich umziehen zu müssen. Man muss auch nicht gleich das Auto abschaffen. Ein langsamer Über-gang, in dem das Auto eine immer geringere Rolle spielt und zunehmend häufiger durch andere Mobilitätsoptionen ersetzt wird, mag für viele die beste Abgewöhnung sein. Als erster Schritt könnte – sofern vorhanden – der Zweit- und Drittwagen abgeschafft werden, und irgendwann ist dann vielleicht auch das erste Auto dran. Für andere funktioniert der konsequente Ausstieg auf einen Schlag besser. Für einen solchen plädiert unter anderem die Initiative »Autofrei Leben!«, die das Autofahren ähnlich wie eine Droge betrachtet und konsequenterweise auch für eine radikale »Entziehungskur« wirbt.[25]

Ein ganz natürlicher Moment der Entscheidung kann auch der Zeitpunkt sein, an dem sich die Reparatur des alten Autos nicht mehr lohnt. Statt ein neues zu kaufen, kann man auch gleich seine Mobilität anders organisieren – und spart sich einen großen Batzen Geld, den man für ein neues Auto ausgegeben hätte. Oder man trifft die Entscheidung ohne besonderen Druck und verkauft sein Auto. So oder so stellt dieser Schritt für die meisten Menschen eine sehr tiefgreifende Veränderung ihres Lebens dar, da die tägliche Autonutzung für sie bislang selbstverständlich ist und sie sich an eine völlig andere Mobilität gewöhnen müssen. Dabei kann dieses Buch helfen, aber auch der Kontakt mit Gleichgesinnten, die man beispielsweise im Verein »Autofrei Leben!«[26] oder im »Club der Autofreien« (im VCS)[27] findet.

Eine hervorragende Möglichkeit, das Leben ohne Auto einfach mal auszuprobieren ist das »Autofasten«. Ob nun in der Fastenzeit oder nicht – es kann eine interessante Erfahrung sein, einfach einmal ein paar Wochen das Auto in der Garage stehen zu lassen und sich bewusst anders fortzubewegen. So befasst man sich zwangsläufig mit den Alternativen und lernt andere Möglichkeiten der Mobilität kennen.

Das Fahrrad als Mobilitätsalternative

Aber wer sein Auto verkauft, verschrottet oder einfach weniger nutzt, benötigt natürlich Alternativen. Die Beste für die eigene Gesundheit und gleichzeitig das Klima und die Umwelt besteht darin, möglichst viele Wege zu Fuß und mit dem Fahrrad zurückzulegen. Fußwege sind für die meisten Menschen nur bei sehr geringen Entfernungen eine Option, während sich mit dem Fahrrad sehr einfach und schnell auch mehrere Kilometer abspulen lassen.

Der entscheidende Vorteil dieser Art von Mobilität: Man ist an der frischen Luft, tut etwas für die Gesundheit und spart sich den Fitnessclub.

Die positiven Auswirkungen der leichten körperlichen Betätigung beim Fahrradfahren – oder dem Laufen – sind medizinisch gut erforscht und unumstritten. Studien zeigen positive Effekte auf die Atemwege, den Fettstoffwechsel, die Gelenke, das Herz-/Kreislaufsystem, das Krebsrisiko und die Psyche. Eine Langzeitstudie hat überdies ergeben, dass die Sterblichkeitsrate von Menschen, die im Alltag regelmäßig Fahrrad fahren, um 39 Prozent geringer ist als bei den Menschen, die stattdessen mit dem Auto fahren.[28] Wer nicht regelmäßig Fahrrad fährt, äußert im Gegenzug oft die Befürchtung, dass das Unfallrisiko dabei sehr hoch sei und man auf dem Fahrrad außerdem erheblich unter der Luftverschmutzung – durch den Autoverkehr – zu leiden habe. Beides ist zwar nicht falsch, aber die positiven Effekte des Fahrradfahrens auf die Gesundheit überwiegen diese negativen Effekte bei weitem.[29]

Richtig Spaß macht ein Fahrrad aber nur dann, wenn es auch gut funktioniert. Deswegen ist von Fahrrädern aus Baumärkten und anderen Billigangeboten unbedingt abzuraten – Qualität hat auch hier ihren Preis. Das richtige Fahrrad hängt zudem sehr vom Zweck und dem eigenen Fahrstil ab – leicht und sportlich oder eher bequem, wie viel Gepäck soll mitgenommen werden, will man einen Kindersitz oder Kinderanhänger, wie viele Gänge, welche Technik der Gangschaltung – je nachdem fällt die Kaufentscheidung aus. Und nicht zuletzt kann ein Fahrrad inzwischen ebenso ein Statement von Stil sein wie ein Auto – nicht umsonst gibt es vom Rennrad über das Fixie bis zum Hollandrad viele unterschiedliche Typen.

Achten sollte man in jedem Falle darauf, dass das Rad von vorneherein bequem ist, dass Sattel und Lenker flexibel anpassbar sind und dass die Anzahl der Gänge zu der Landschaft passt, in der man damit fahren will. Nabenschaltungen sind generell robuster gegen das Wetter und für den Alltag in eher flachen Gegenden meist ausreichend. Kettenschaltungen bieten stattdessen mehr Gänge und sind etwas leichtläufiger. Dafür sind sie aber anfälliger, weil die Mechanik offen liegt. Und auch das Licht ist für die Alltagsnutzung wichtig: Viele Fahrräder haben inzwischen Nabendynamos und gute LED-Lichter, die sich teilweise sogar je nach Lichtverhältnissen automatisch einschalten, so dass man zu jeder Tages- und Nachtzeit sicher unterwegs sein kann und keine Batterielichter mitnehmen muss – die gerne vergessen werden. Es gibt in jeder Stadt gute Fahrradläden, die in aller Regel über eine angeschlossene Werkstatt verfügen und sich auch nach dem Kauf um das Fahrrad kümmern – wenn man das nicht selbst machen will. Das alles kostet natürlich auch ein bisschen Geld, aber im Vergleich mit einem Auto (nochmal zur Erinnerung: auch der Kleinwagen schlägt mit mindestens 400 Euro im Monat zu Buche!) so viel nun auch wieder nicht. Und wer selbst kein Händchen für die Fahrradtechnik hat oder sich die Finger ungern ölig macht, ist mit einem Fahrradladen des Vertrauens – am besten auf dem täglichen Weg gelegen – gut bedient, in dem die Mitarbeitenden Fahrrad und Besitzer kennen und bei dem man ähnlich wie bei einem Hausarzt auch mit kleinen Fragen und Problemchen unkompliziert vorbeischauen kann, ohne gleich für jede Nachfrage eine Rechnung zu bekommen.

Die meisten Menschen legen nicht mehr als fünf Kilometer pro Richtung täglich mit dem Fahrrad zurück, manche aber auch deutlich mehr. Die persönliche Schmerzgrenze ist sehr individuell, sollte aber bei Entscheidungen für Schule, Arbeit etc. mit in die Rechnung einfließen. Wer eine sehr lange Strecke zurücklegen muss und Angst davor hat, verschwitzt anzukommen oder sich zu überanstrengen, kann auch über ein Fahrrad mit Elektromotor als Unterstützung (Pedelec) nachdenken. Das ist zwar nochmal ein gutes Stück teurer als ein reguläres Fahrrad, kostet aber noch immer nur einen Bruchteil im Vergleich zum Auto – sowohl bei der Anschaffung als auch im Betrieb. Außerdem sind Pedelecs inzwischen zu Massenprodukten geworden und kosten zunehmend weniger. Die Akkus kann man in der Regel einfach vom Fahrrad abnehmen und drinnen an der Steckdose laden; besondere Ausrüstung benötigt man dafür also nicht. Und die Gewöhnung ist ebenfalls unkompliziert: Wer Fahrrad fahren kann, wird sich auch auf einem Pedelec gleich wohlfühlen; es fühlt sich an wie Fahrradfahren mit permanentem Rückenwind. Der Energieverbrauch und damit auch die negativen Klimaauswirkungen eines Pedelecs fallen im Vergleich zu einem Elektroauto sehr gering aus. Der Grund dafür liegt einerseits im viel geringeren Gewicht und dem geringeren Rollwiderstand und andererseits in der Tatsache, dass der Elektromotor bei der Fortbewegung nur Hilfe leistet, während die Fahrerin oder der Fahrer ja immer noch selbst tritt und mindestens die Hälfte der Energie dadurch selbst beisteuert. Gute Pedelecs können inzwischen sogar beim Bremsen Energie in den Akku rückspeisen, was ein sehr sinnvolles Detail ist.

Auch für ältere oder etwas gebrechliche Personen gibt es geeignete Fahrräder. Beispielsweise dreirädrige Fahrräder, die nicht umfallen können und mit denen man trotzdem recht flink unterwegs sein kann. Sogar für Menschen mit erheblichen Mobilitätseinschränkungen gibt es die Fahrrad-Option: An einen Rollstuhl kann vorne ein sogenanntes Handbike flexibel an- und wieder abgekoppelt werden, das mit den Händen betrieben wird und ähnlich wie ein Fahrrad mit Gangschaltung und Bremse ausgestattet ist. Zudem existieren »therapeutische Rollstuhlräder«, deren vorderes Ende ein Rollstuhl bildet, während hinten jemand auf dem Sattel sitzen und die andere Person fahren kann. Wer gerne und oft zu zweit unterwegs ist, findet vielleicht an einem Tandem gefallen. Ein Tandem ist überdies eine gute Option für Menschen mit Behinderungen: So können beispielsweise auch Menschen mit Sehbehinderungen Fahrrad fahren, denn lenken muss bekanntlich auf einem Tandem immer nur eine oder einer. All diese Räder findet man allerdings in nur wenigen Fahrradgeschäften; hier lohnt sich in jedem Fall ein speziell darauf ausgerichteter Laden, in dem man auch eine gute Beratung erhält.

Für die gelegentliche Mitnahme von Kindern bietet sich außerdem ein Kindersitz an, den man in der Regel sehr einfach vom Fahrrad abnehmen – oder mit weiteren Halterungen zwischen mehreren Rädern hin- und her wechseln kann. Für den häufigeren Transport von einem oder zwei Kindern ist allerdings eher ein Fahrradanhänger zu empfehlen, der deutlich sicherer ist, aber auch teurer. Die höhere Sicherheit beruht vor allem darauf, dass die Kleinen beim Umfallen des Fahrrades nicht in Mitleidenschaft gezogen werden und umgeben von Metallstangen sitzen, so dass sie, wenn sie korrekt angeschnallt sind, sogar bei einem (unwahrscheinlichen) Umkippen des Anhängers kaum verletzt werden. Ein gutes Modell kostet neu ca. 1000 Euro. Ein Gebrauchtkauf kann sich hier durchaus lohnen, da die Anhänger lange durchhalten. Es gibt schmalere Anhänger für nur ein Kind und breitere für zwei Kinder. Auch Babys kann man so schon mitnehmen; sie benötigen dann entweder eine Babyschale oder eine Hängematte für Babys, die zu dem entsprechenden Anhänger passen müssen. Für größere Kinder kann ein Fahrrad-Trailer – quasi ein halbes Kinderfahrrad mit Hinterrad, Sattel und Pedalen – oder gleich das ganze Kinderfahrrad mit einer speziellen Halterung an das Fahrrad der Eltern angekoppelt werden.

Wer viel zu transportieren hat oder bis zu vier Kinder mitnehmen möchte, für den ist ein Lastenrad eine gute Option. Es gibt inzwischen viele unterschiedliche Modelle mit zwei oder drei Rädern und verschiedenen Größen der »Ladefläche«. Zweiräderige Lastenräder sind schneller und agiler; die dreiräderigen dafür etwas stabiler. Lastenräder sind auch mit Elektroantrieb zu haben, was sich beim regelmäßigen Transport schwerer Dinge oder vieler Mitfahrender durchaus lohnen kann. Auch bei solchen

Sondermodellen und Zusatzausstattung kann ein guter Fahrradladen weiterhelfen. Wer gerne unterschiedliche weniger alltägliche Fahrräder ausprobieren möchte, für den lohnt sich der Besuch einer Fahrradmesse, um einen Überblick über die Möglichkeiten und die Technik zu bekommen und ganz verschiedene Modelle ausprobieren zu können.

Fahrräder egal welcher Art haben aber ganz entscheidende Nachteile: Sie werden – ganz besonders in größeren Städten – gerne gestohlen, und bei schlechtem Wetter geht die Freude oft verloren. Das Thema Diebstahl lässt sich durch mehrere Maßnahmen in den Griff bekommen: Zum ersten sollte das Alltagsrad – anders als vielleicht das Fahrrad für die große Urlaubstour – nicht unbedingt zur Oberklasse gehören, damit der Diebstahl nicht allzu attraktiv wird. Es kann sich auch lohnen, das Rad in seinem Aussehen zu vernachlässigen. Ein paar Roststellen, die die Funktionsfähigkeit nicht einschränken, können für die äußere Erscheinung schon Wunder wirken. Vor allem aber ist ein gutes Schloss unerlässlich. In den Tests schneiden in der Regel Bügelschlösser am besten ab. Sie sind zwar nicht gerade leicht, aber dafür nur mit großem Aufwand zu knacken. Eine zusätzliche Sicherheit kann eine Fahrradkennzeichnung bieten: Dabei wird an einer gut sichtbaren Stelle ein Code in den Rahmen eingraviert, durch den es dem Besitzer eindeutig zugeordnet werden kann und der nicht wieder zu entfernen ist – was einen Diebstahl äußerst unattraktiv macht.[30] Solche Kennzeichnungen führt oft die lokale Polizei durch, oder Fahrradvereine wie der ADFC (Allgemeiner Deutscher Fahrrad-Club). Der Königsweg zur Diebstahlprävention ist es natürlich, das Fahrrad und ganz besonders das Pedelec so oft wie möglich gar nicht draußen, sondern in abgeschlossenen Räumen stehen zu lassen, aber das ist natürlich nicht immer und überall möglich.

Der Kampf gegen schlechtes Wetter ist ebenfalls nicht zu unterschätzen. Hier helfen aber die Entwicklungen der Sportbekleidung der letzten Jahre durchaus weiter: Es gibt gute Jacken und Regenhosen zum Drüberziehen, die Wasser von außen abhalten und dennoch atmungsaktiv sind, so dass man vor dem Regen geschützt ist und beim Fahren trotzdem wenig schwitzt. Ersatzkleidung dabei zu haben ist häufig ebenfalls sinnvoll, damit man bei der Arbeit, bei einem Besuch oder bei einer Veranstaltung wieder frisch erscheint. Und es steht nirgendwo geschrieben, dass man bei schlechtem Wetter wie Dauerregen, Schnee und Eis nicht auch das Fahrrad im Fahrradkeller lassen und auf andere Mobilitätsoptionen umsteigen darf.

Für die seltene Nutzung an einem bestimmten Ort sind Leihfahrräder statt des eigenen Fahrrads eine Möglichkeit. Solche Systeme gibt es inzwischen in vielen Städten, und Nextbike (www.nextbike.de) und Deutsche Bahn (www.callabike.de) bieten es sogar in vielen verschiedenen Städten an (in Wien: www.citybike.at). Und um viel mit dem Fahrrad im öffentlichen Verkehr unterwegs zu sein, bietet sich ein Faltrad als zusätzliche Möglichkeit an.

Öffentlicher Verkehr als Mobilitätsalternative

Das Fahrrad wird aber für niemanden das ausschließliche Verkehrsmittel für alle Zwecke sein. Die Nutzung des öffentlichen Verkehrs ist insbesondere für weitere Strecken oft die schnellere und praktischere Option, hängt aber sehr von den jeweiligen Verbindungen ab. Informationen zu Fahrplänen, Verbindungen und Fahrpreisen findet man am besten beim jeweiligen Verkehrsverbund oder -betrieb. Sie haben zu diesem Zweck allesamt Internetseiten und meist auch entsprechende Apps für Smartphones und Tablets. Für die deutschlandweite Auskunft in allen Städten ist die Seite der Deutschen Bahn www.bahn.de eine gute Alternative, in Österreich analog www.oebb.at und in der Schweiz www.sbb.ch. Für

Mobilgeräte sind die zugehörigen Apps »DB Navigator« »ÖBB App« und »SBB Mobile« sehr nützlich. Wer den öffentlichen Verkehr – ob im Nah- oder Fernbereich – häufig nutzt, wird ein Smartphone sehr zu schätzen lernen, da man auf diesem Wege jederzeit Verbindungen finden und sich auch über aktuelle Verspätungen, ausfallende Züge u. ä. informieren kann. So lassen sich auch mögliche Wartezeiten aufgrund von Verspätungen noch sinnvoll nutzen.

Der öffentliche Verkehr ist aber auch nicht umsonst zu haben. Wer regelmäßig mit Bussen und Bahnen unterwegs ist, wird sicherlich mit einem Monats- oder Jahresticket am günstigsten und praktischsten unterwegs sein. In vielen Städten gibt es auch sogenannte Umweltkarten. Diese haben den entscheidenden Vorteil, dass sie übertragbar sind, also innerhalb der Familie gemeinsam genutzt werden können, und dass abends und am Wochenende die ganze Familie mit der Karte unterwegs sein kann – also ein praktisches Ticket für mehrere unterschiedliche Zwecke, das explizit als Ersatz zum Auto konzipiert wurde. Häufig sind solche Umweltkarten sogar übertragbar, so dass man sie innerhalb der Familie, mit Freunden oder Nachbarn teilen kann. Die jeweiligen Bedingungen findet man bei den Verkehrsverbünden. Und wer nicht nur im Nahbereich, sondern häufig auch über weitere Strecken mit der Bahn unterwegs ist, fährt möglicherweise mit einer BahnCard 100 (Deutschland), einer ÖsterreichCard oder einem Schweizer Generalabonnement, die überwiegend auch für den Nahverkehr gelten (in Deutschland leider nicht überall!), am günstigsten. Gelegenheitsnutzer werden hingegen eher auf Einzeltickets zurückgreifen, aber auch hier vereinfachen Smartphones das Leben enorm, denn in vielen Städten und Regionen kann man Tickets inzwischen auch über eine App kaufen, und die Kosten werden dann monatlich vom Konto abgebucht.

Geteilte Autos

Geteilte Autos sind eine gute Möglichkeit, um dann ein Auto benutzen zu können, wenn man es doch einmal benötigt. In vielen deutschen Städten gibt es kommerzielle Carsharing-Angebote – von über 150 lokalen und teilweise auch überregional aktiven Anbietern, die inzwischen über 1,2 Million registrierte Nutzer alleine in Deutschland aufweisen. In Österreich sind sieben Anbieter aktiv, eine Auflistung findet sich auf der Homepage des ÖAMTC.[31] Dort kann man sich anmelden und zahlt dann meist eine monatliche oder jährliche Grundgebühr. Wenn man ein Auto nutzen möchte, kann man es – je nach Anbieter – im Internet, per Smartphone-App oder per Telefon vorbestellten, aber auch die spontane Nutzung ist in der Regel möglich. Man muss allerdings damit leben, dass das Auto nicht zu jeder Zeit nur für einen selbst zur Verfügung steht. Die Vorbestellung mit dem Smartphone macht das Carsharing inzwischen aber sehr komfortabel und einfach.

Bei der Wahl eines Carsharing-Anbieters wird für die meisten die Nähe zur nächstliegenden Entleihstation am wichtigsten sein. Dafür bietet der deutsche Bundesverband Carsharing (www.carsharing.de) eine gute Übersicht. Die Tarifsysteme und -bedingungen unterschieden sich aber zwischen den Anbietern stark. Meist zahlt man entweder einen geringeren Fixbetrag und höhere Kosten pro Zeit und Kilometer oder einen höheren Fixbetrag und geringere Kosten für die Nutzung. Hier lohnt sich ein Vergleich in Hinblick auf die eigene Anwendung also durchaus. Wer mehrmals pro Woche ein Auto entleihen möchte, wird sicherlich mit einem anderen Tarif besser bedient sein als gelegentliche Nutzerinnen und Nutzer.

In den großen Städten gibt es nicht nur das »normale« Carsharing mit festen Stationen, sondern seit einigen Jahren auch »Free floating«-Flotten.

Das sind Autos, die überall in der Stadt abgestellt und auch wieder ausgeliehen werden können. Damit sind sie auch für kürzere Strecken praktisch. Für die Nutzung eines solchen Angebots ist ein Smartphone aber unverzichtbar, denn man kann die Fahrzeuge nur über eine entsprechende App finden und entleihen. Das gleiche Prinzip gibt es im Übrigen auch für Fahrräder: Ebenso wie das »Free floating«-Carsharing gibt es in größeren Städten auch dezentrale Fahrradentleihstationen, für den Fall, dass man ein Fahrrad für zwischendurch benötigt.

Carsharing muss aber nicht kommerziell sein, sondern es gibt auch selbstorganisierte Varianten: Man kann sich ein Auto einfach mit Nachbarn oder Freunden teilen. Dabei muss man allerdings bedenken, dass dieser Vorgang auch von der Versicherung abgedeckt sein muss. Auch über die Aufteilung der Kosten muss man sich gemeinsam verständigen: Zahlen die Mitnutzenden einen bestimmten Betrag für die einzelnen Fahrten oder teilt man von vornherein alle Kosten des Autos?

Auch eine kommerzielle Variante des Privat-Autoteilens existiert; wobei einem die entsprechenden Anbieter aber alle Sorgen zum Thema Versicherung und Vermittlung abnehmen: Bei Drivy (www.drivy.de bzw. www.drivy.at) oder Tamyca (www.tamyca.de) kann man nach Autos in der Nachbarschaft suchen, die von den Besitzern zur Mitnutzung angeboten werden. Um die notwendige Versicherung kümmert sich das Unternehmen, sie ist bei der Buchung des Fahrzeugs gleich inklusive.

Aber warum muss man ein Auto immer selbst fahren? Fahrgemeinschaften sind der traditionelle Weg, um gemeinsam von A nach B zu kommen. Das Auto wird dadurch besser ausgelastet und schädigt so bezogen auf jeden einzelnen Insassen Klima und Umwelt nicht so stark. Das funktioniert natürlich nur dann, wenn man einen gemeinsamen Weg hat oder das Ziel der anderen zumindest auf dem Weg liegt. Aber es kann sich lohnen, einmal bei den Nachbarinnen und Nachbarn zu fragen, wer dieselbe Strecke zurücklegt – und einigermaßen kompatible Arbeitszeiten aufweist. Wenn dann nur noch ein Auto fährt statt zwei oder drei, ist das komfortabel für die anderen Insassen, die nicht selbst am Steuer sitzen müssen, und die Kosten lassen sich auch teilen. Das hat zumindest in Deutschland sogar noch steuerliche Vorteile: Alleine für die Mitfahrten in einem anderen Auto kann man schon die normalerweise geltende Höchstgrenze von 4.500 Euro pro Jahr als Pendlerpauschale absetzen; für die Tage, an denen man selbst andere mitnimmt, aber nochmals unbegrenzt darüber hinaus. Über die Versicherung muss man sich bei Fahrgemeinschaften übrigens keine Sorgen machen: Bei Unfällen sind die Mitfahrenden generell über die Kfz-Haftpflichtversicherung des Fahrzeughalters abgesichert und bei Fahrten zur Arbeit zusätzlich über die gesetzliche Unfallversicherung. Der Versicherungsschutz für die Mitfahrenden ist dabei der gleiche, als wenn sie alleine zur Arbeit fahren würden. Auch für das gemeinsame Pendeln gibt es zumindest für Deutschland ein praktisches Internetportal, um Mitfahrmöglichkeiten oder Mitfahrer zu finden: www.pendlerportal.de zeigt die besten Optionen für die eigene Pendelstrecke – den öffentlichen Verkehr eingeschlossen – auf.

Weiterlesen:

Die Phasen des Umstiegs auf autofreies Leben – und Kontakt zu Gleichgesinnten: www.autofrei.de/index.php/so-geht-autofrei/richtig-umsteigen

Das Autofasten wird insbesondere von der katholischen Kirche beworben – ist aber sicher auch für Atheisten oder anders Religiöse interessant: www.autofasten.at/

Einen Überblick über autofreie Wohnprojekte findet man hier: www.autofrei.de/index. php/so-geht-autofrei/autofrei-wohnen/wo-gibt-es-autofreie-wohngebiete, http:// www.wohnen-ohne-auto.de/

Allgemeinere Ökoprojekte – sind hier zu finden: Deutschland: www.oeko-siedlungen.de; Österreich: www.oekosiedlungen.de/europa/at/index.html;

Schweiz: www.oekosiedlungen.de/europa/ch/index.html. In ganz Europa finden sich solche Projekte hier: http://www.sustainable-settlements.net/

Internationale Liste autofreier Orte (sortiert nach Ländern): https://en.wikipedia.org/ wiki/List_of_car-free_places

»Casa Verde« bietet Beratung für nachhaltiges Bauen und Wohnen insbesondere in Norddeutschland an: www.casaverde-immobilien.de/sonst/wohnproj.html

Das Forschungsprojekt »WohnMobil« befasst sich mit der Frage, wie man in Wohnprojekten gemeinsam eine schonende Mobilität umsetzen kann: www.isoe.de/projekte/ aktuelle-projekte/mobilitaet-und-urbane-raeume/wohnmobil/

Für den öffentlichen Nahverkehr gibt es die jeweiligen Seiten der Verkehrsbetriebe und –verbünde. Für die deutschlandweite Auskunft in allen Städten ist die Seite der Deutschen Bahn www.bahn.de aber eine gute Alternative, für Mobilgeräte die »DB Navigator«-App. In Österreich analog die Seite www.oebb.at und die »ÖBB App«, in der Schweiz www.sbb.at und die »SBB Mobile«-App.

Der ADFC (Allgemeiner Deutscher Fahrrad-Club) und der schweizerische Club »Pro Velo« sind gute Ressourcen rund ums Fahrrad – für Kaufberatung, Pflege, Recht oder bei der Suche nach anderen Radlerinnen und Radlern: www.adfc.de, www.pro-velo.ch

Eine gute Kaufberatung für Fahrräder – abhängig vom jeweiligen Zweck – hat der ADFC hier zusammengestellt: www.fa-technik.adfc.de/Ratgeber/Fahrradkauf/

Gute Fahrräder findet man im Fachhandel, ebenso für Reparaturen: www.vsf.de/ radfahrer-und-freunde/die-werkstatt-in-ihrer-naehe

Das Dreirad-Zentrum mit 20 Läden in Deutschland und der Schweiz hat sich auf Fahrräder mit 3 Rädern – z.B. für Menschen mit Mobilitätseinschränkungen – spezialisiert: www.dreirad-zentrum.de/

Spezialräder für verschiedene Zwecke gibt es hier: www.hase-bikes.de; www.vanraam.de

Der Bundesverband Carsharing hat eine Seite, auf der die nächstliegenden Carsharing-Stationen angezeigt werden: www.carsharing.de/cs-standorte. Für Österreich bietet der ÖAMTC eine Übersicht der Anbieter: http://www.oeamtc.at/portal/carsharing-in-oesterreich+2500+1384763. Für die Schweiz findet man hier einen Vergleich: https://www.comparis.ch/autoversicherung/junglenker/carsharing.aspx

Das Portal www.carsharing-vergleich.de/ ermöglicht sogar direkt den Preisvergleich zwischen den verschiedenen Anbietern. www.carjump.me zeigt die verfügbaren Fahrzeuge aller Anbieter – inkl. privatem Carsharing – in der Nähe.

Tamyca (»Take my Car«) bietet das Auto-Leihen von Nachbarn – mit integierter Versicherung: www.tamyca.de. »Drivy« funktioniert nach dem gleichen Prinzip auch in Österreich und hat kürzlich die Plattform »Autonetzer« mit übernommen: www.drivy.de, www.drivy.at

Fahrgemeinschaften (für regelmäßige Fahrten) finden: www.pendlerportal.de. Das Portal leitet an viele lokale Portale weiter, wenn man eine bestimmte Pendelstrecke sucht.

Mitfahrgelegenheiten (auch für nicht regelmäßige Fahrten) finden: www.karzoo.eu, www.blablacar.de, www.fahrgemeinschaft.de

2.2. Alltagsmobilität

»Statt Auto mit Radl – schont Börsl, stärkt Wadl.«

Miguel Herz-Kestranek (Schauspieler und Autor)

Im vorigen Teil wurden die grundsätzlichen Voraussetzungen dafür beschrieben, um eine autoreduzierte oder autofreie Mobilität zu ermöglichen. Die entscheidende Frage ist aber, wie sich eine solche ganz konkret im Alltag umsetzen lässt. Grundsätzlich gilt beim Alltag ohne Auto: Es gibt nie nur eine Lösung. In aller Regel wird nur ein Mix aus verschiedenen Verkehrsmitteln wirklich gut funktionieren – Verkehrsforscher sprechen dann von Multimodalität statt der Verwendung immer nur eines Verkehrsmittels, was in vielen Fällen das Auto sein wird. Der kritische Punkt ist oft gar nicht unbedingt die Verfügbarkeit anderer Verkehrsmittel sondern eher das Bewusstsein, dass es auch andere Möglichkeiten gibt.

Die Hilfe bei der multimodalen Alltagsgestaltung haben sich verschiedene Anbieter bereits auf die Fahnen geschrieben. Sie führen die Daten ganz verschiedener Verkehrsmittel zusammen und stellen sie übersichtlich nebeneinander dar. Die bekanntesten Portale heißen »Moovel« und »Quixxit«[32], die beide auch (»Moovel« sogar ausschließlich) als Apps für Smartphones und Tablets verfügbar sind. Hier kann man eingeben, von wo nach wo man fahren möchte, und erhält dann als Ergebnis die verschiedenen Optionen – ob Bahn, Bus, Auto, Mitfahrgelegenheit, Taxi, Fahrrad oder Fußweg – mitsamt der benötigten Zeit und den anfallenden Kosten. Das kann eine gute Hilfe sein, um für jeden Weg eine sinnvolle Auswahl aus den verschiedenen Optionen zu treffen, denn oft bedenkt man bestimmte Möglichkeiten gar nicht. Für die Wege, die man jeden Tag zurücklegt, wird das aber kaum notwendig sein; hier kennt man die besten Möglichkeiten mit der Zeit sehr gut. Aber um neue Wege zu suchen, kann ein »multimodaler Überblick« ebenfalls hilfreich sein.

Flexibel für viele Strecken: Das Fahrrad

Das eigene Fahrrad ist für alle kürzeren Wege bis – je nach eigener Fitness – 5 oder 10 Kilometer oft die beste Lösung: Man kann direkt von zu Hause starten, muss nicht erst zu einer Halte- oder Ausleihstelle gehen, ist unabhängig von irgend welchen Fahrzeiten, und es fallen – von dem geringen Verschleiß einmal abgesehen – keine Kosten an. Fahrradfahren macht aber nur dann wirklich Freude, wenn man auch einen angenehmen Weg hat – und für einen Weg, den man quasi täglich zurücklegt, ist das besonders wichtig. Je nach Vorlieben heißt das für die meisten Radlerinnen und Radler: Gute, glatte Oberflächen, möglichst wenig Autos, möglichst viele gut ausgebaute Fahrradwege und wenige Ampeln und Kreuzungen – und möglichst auch noch eine schöne Umgebung. Um einen angenehmen Weg zu finden, bietet sich zuerst einmal eine Fahrradkarte an – oder ein entsprechendes Pendant im Internet. Für viele Regionen und Städte gibt es spezielle Fahrradkarten, auf denen die guten Radwege und kleine Straßen, auf denen man mit Lust Fahrrad fahren kann, eingezeichnet sind. Aber auch Online-Karten wie Google Maps oder OpenStreetMap[33] haben inzwischen eine Funktion für Fahrradwege und helfen sogar bei der Suche nach angenehmen Routen. Vieles findet man aber auch einfach durch Ausprobieren heraus – oder durch Gespräche mit anderen Radlerinnen und Radlern. Es lohnt sich auf jeden Fall, ein bisschen Arbeit auf die Optimierung einer häufig gefahrenen Route zu verwenden, da diese für die Freude am Fahren mit entscheidend ist und es leider noch nicht überall bei den Kommunen angekommen ist, dass Fahrräder und ihre Wege eingeplant werden sollten.

Wer mit dem Fahrrad fährt, muss auch das Wetter immer ein wenig im Auge behalten: Bei drohendem Regen gehören Regenjacke und Regenhose ins Gepäck, und bei Kälte sind Handschuhe und die wärmere Jacke angesagt. Das Radeln im Winter bei Schnee und Glatteis ist nicht jedermans Sache; hier werden viele eher auf ein anderes Verkehrsmittel ausweichen. An wechselhaften Tagen und bei flexiblen Zeiten kann auch hier wieder die moderne Technik nützlich sein: Wettervorhersagen sind dadurch auch sehr genau für den eigenen Ort verfügbar, ein Regenradar auf dem Computer oder als Smartphone-App ermöglicht oft eine gute Prognose für die nächste halbe Stunde. So kann man den einen oder anderen Regenschauer geschickt umgehen, indem man noch ein paar Minuten länger bleibt oder sich doch etwas früher auf den Weg macht. Aber mit der richtigen Kleidung (Regenjacke, Regenhose, wasserfeste Schuhe) muss ein Regenschauer auch kein Problem sein.

Auf den Alltagsstrecken muss man oft auch noch Dinge auf dem Fahrrad mitnehmen – seien es Bücher, Dokumente, Computer oder Kleidung. Hier sind die Geschmäcker unterschiedlich: Am angenehmsten sind – am besten wasserdichte – Taschen am Gepäckträger, die man dann am Zielort einfach abnimmt und mit einem Riemen über die Schulter hängen kann. Hierzu eignen sich spezielle Taschen in der richtigen Größe für Papiere und mit Laptop-Fach. Wer nur kurze Strecken fährt, eher ein sportlich-leichtes Fahrrad hat oder auf dem Weg noch mehrere Erledigungen durchführt, setzt dagegen oft eher auf einen Rucksack. Den muss man dann nicht jedes Mal abnehmen; dafür muss man aber selbst das Gewicht tragen und schwitzt am Rücken. Und auch der gute alte Fahrradkorb (vorne oder hinten am Fahrrad), in dem sich Taschen, Rucksäcke oder Einkaufstaschen unterbringen lassen, ist eine gute Möglichkeit.

Das Fahrrad ist aber nur eine Mobilitätsalternative zum Auto und wie schon oben beschrieben eher für überschaubare Entfernungen zu gebrauchen – es sei denn, man hat das Glück, einen Großteil der Strecke auf einem Fahrradschnellweg zurücklegen zu können. Solche »Autobahnen für Fahrräder« ohne Ampeln und Kreuzungen und mit ausreichend Platz zum Schnellfahren – auch mit dem Elektrofahrrad oder Pedelec – und zum Überholen werden in einigen Regionen bereits gebaut. Im deutschsprachigen Raum am weitesten fortgeschritten ist der Radschnellweg Ruhr (RS1), der bei Fertigstellung über etwa 100 Kilometer einmal quer durch das Ruhrgebiet von Duisburg bis Hamm gehen wird, einige weitere derartige Projekte sind in Vorbereitung.

Für weitere Strecken: Der öffentliche Verkehr

Für viele Strecken ist der öffentliche Verkehr aber die bessere Option. Man befindet sich zwar nicht an der frischen Luft und tut nichts für die eigene Fitness, dafür hat man aber sehr viel mehr nutzbare Zeit. Während der Fahrt mit Bahnen und Bussen muss man nicht selbst lenken und hat daher Kopf und Hände frei. Selbst wenn die Fahrt mit den Öffentlichen möglicherweise etwas länger dauert, ist das immer noch ein Vorteil: Man kann lesen, Musik hören, am Computer arbeiten, oder mit anderen Menschen reden. Die Fahrt kann eine willkommene Entspannungsphase zwischen Arbeiten und zu Hause sein – vorausgesetzt, man landet nicht in einer völlig überfüllten Bahn, was insbesondere in Metropolen zu den Pendlerzeiten morgens und nachmittags leider oft der Fall ist. Viele Menschen können aber heute ihre Arbeitszeiten zumindest etwas flexibel handhaben und so die Stoßzeiten umgehen.

Wenn das Problem mit überfüllten Verkehrsmitteln unumgänglich ist, ist manchmal ist ein wenig Druck auf die lokalen Verkehrsbetriebe notwendig: Wenn sich viele Pendlerinnen und Pendler über die überfüllten Verkehrsmittel beschweren, werden mitunter mehr Fahrzeuge in einem dichteren Takt oder längere Bahnen eingesetzt. Öffentlicher Verkehr lässt sich immer an den Bedarf anpassen, auch wenn man das manchmal von den Verantwortlichen erst deutlich einfordern muss – denn jede zusätzliche Fahrt und jedes zusätzliche Fahrzeug kosten natürlich Geld. Andererseits entsteht dadurch neue Nachfrage, und es wird wieder mehr Geld eingenommen. Und wenn der direkte Kontakt nicht hilft, kann der Druck über die lokale Presse möglicherweise wirken: Warum nicht einmal Journalistinnen und Journalisten ansprechen und ihnen die Probleme schildern? Wenn die Verantwortlichen bei den Verkehrsbetrieben dort Rede und Antwort stehen müssen, können sie sich sehr viel schwieriger herausreden. Das gleiche gilt übrigens nicht nur für eine Verstärkung von öffentlichen Verkehrsmitteln in den Pendlerzeiten, sondern ebenso für die Schaffung neuer Strecken, die das Pendeln möglicherweise sehr viel angenehmer oder erst möglich machen. Solch ein Engagement ist alleine kaum zu bewältigen. Gleichgesinnte mit Erfahrung findet man bei den lokalen oder überregionalen Fahrgastverbänden[34], die sich schon seit mehreren Jahrzehnten mit den Themen befassen und viele gute Konzepte für Verbesserungen des öffentlichen Verkehrs erarbeitet haben.

Öffentlicher Verkehr und Fahrrad sind aber nicht nur voneinander getrennt gute Ideen, sondern ganz besonders auch gemeinsam. Das gilt vor allem dann, wenn man einen weiteren Weg bis zur nächsten Haltestelle hat, wenn man mit dem Fahrrad eine kurze Strecke mit Bus oder Bahn und damit einen Umstieg einsparen kann, oder wenn man mehrere Orte miteinander verknüpfen muss. Alltagsmobilität spielt sich ja meist nicht nur zwischen dem Zuhause und der Arbeitsstelle bzw. Schule oder Hochschule ab, sondern es betrifft auch das Einkaufen und andere Erledigungen oder das Hin- und Herbringen der Kinder. Für solche Wege kann es oft Sinn machen, kürzere Strecken flexibel mit dem Fahrrad zurückzulegen, es an der Haltestelle anzuschließen und für weitere Strecken dann den öffentlichen Verkehr zu nutzen. Viele Städte und Verkehrsbetriebe haben darauf schon reagiert und an den Bahnhöfen und Haltestellen sichere Fahrradabstellmöglichkeiten installiert. In einigen Städten gibt es sogar bewachte Fahrradparkhäuser, in denen man auch bessere Fahrräder ohne Diebstahlgefahr länger stehen lassen kann. Und für die Flexibilität der verschiedenen Wege kann ein Fahrradanhänger Gold wert sein: Wer morgens die Kinder zur Kita/zum Kindergarten bringt und dann noch weiter zur Arbeit fährt, kann den Anhänger auch einfach dort hinterlassen, bis zum Abholen am Nachmittag. Die Gestaltung der täglichen Wege erfordert manchmal ein bisschen Kreativität.

Die Alternativen: Fahrgemeinschaften und Homeoffice

Aber was kann man machen, wenn es keine brauchbare Verbindung mit dem öffentlichen Verkehr gibt und die Strecke für das Fahrrad – auch mit elektrischer Hilfe – zu weit ist? Das Auto ist nicht immer einfach zu ersetzen. In diesem Falle kann man aber zumindest versuchen, das Auto über Fahrgemeinschaften gemeinsam zu nutzen und so die Klima- und Umweltauswirkungen zu minimieren und gleichzeitig nicht immer selbst am Steuer sitzen zu müssen. Mitfahrer und Fahrer lassen sich entweder in dem eigenen Betrieb oder in der Nachbarschaft finden – oder über das Internet: Lokale Seiten der Gemeinden oder andere

Internetseiten wie www.pendlerportal.de, www.flinc.org oder www. blablacar.de können dabei helfen, andere Menschen zu finden, die noch auf der gleichen Strecke unterwegs sind – egal ob man mitfahren oder andere mitnehmen möchte.

In vielen Jobs ist es überdies auch möglich, nicht jeden Tag zur Arbeit hinfahren zu müssen. Insbesondere bei Arbeiten am Computer ist es oft auch eine Option, zumindest ein oder zwei Tage in der Woche von zu Hause zu arbeiten. Viele Unternehmen und öffentliche Einrichtungen haben die dafür notwendigen technischen Möglichkeiten, damit man sich auch von zu Hause aus in das jeweilige Netz einloggen kann. Das spart Zeit und Energie, und manchmal tut ein Tapetenwechsel für bestimmte Arbeiten ja auch ganz gut und kann sogar zu besseren Ergebnissen beitragen. Es kann sich zumindest lohnen, den Arbeitgeber einmal darauf anzusprechen. Vermiedene Wege sind schließlich der Königsweg für eine schonende Mobilität.

Weiterlesen:

Unterschiedliche Apps für das Smartphone helfen bei der multimodalen Gestaltung des Alltags: www.moovel.com/de, www.quixxit.de

Viele Städte geben gute Karten der Fahrradrouten heraus – zu finden im lokalen Buchhandel oder im Touristeninformationsbüro.

Beim Finden guter Fahrradrouten hilft der OpenStreetMap-Ableger OpenCycleMap - Europaweit: www.opencyclemap.org. Auch ausgeschilderte Fernradwege sind hier verzeichnet.

Für Berlin gibt es einen praktischen Online-Fahrrad-Routenplaner (auch als Smartphone/Tablet-App): www.bbbike.de

Auch Google Maps beherrscht die Routenplanung mit dem Fahrrad und dem öffentlichen Verkehr immer besser: https://www.google.de/maps, dann auf »Routenplaner« und Fahrrad, Zu-Fuß-Gehen oder öffentlichen Verkehr auswählen.

Informationen über Fahrradschnellwege mitsamt geplanter und bereits umgesetzter Projekte: https://de.wikipedia.org/wiki/Radschnellweg

Die besten Pendelmöglichkeiten – mit dem öffentlichen Verkehr oder Fahrgemeinschaften – finden: www.pendlerportal.de.

Bei den Fahrgastverbänden findet man Expertise und Gleichgesinnte für den öffentlichen Verkehr: Verkehrsclub Deutschland/Österreich/Schweiz (www.vcd.de, www.vcoe.at, www.verkehrsclub.ch) sowie die ProBahn-Verbände (www.pro-bahn.de, www.probahn.at, www.pro-bahn.ch) oder der Deutsche Bahnkundenverband DBV (www.bahnkunden.de). Außerdem gibt es viele lokale Fahrgastverbände, insbesondere in größeren Städten. Auf europäischer Ebene setzt sich die European Passengers' Federation (www.epf.eu) für die Belange des öffentlichen Verkehrs ein, bei der wiederum viele der oben genannten Fahrgastverbände Mitglied sind.

Zum Finden von Mitfahrgelegenheiten oder Mitfahrenden: www.blablacar.de, www.flinc.org, www.pendlerportal.de

2.3. Einkaufen

»Die Bürger müssen wissen, dass in unseren Städten weniger Automobile nicht weniger, sondern mehr Lebensqualität bedeuten.«

Johannes Rau (ehem. deutscher Bundespräsident)

Die Gestaltung des Alltags ist eine Sache, eine meistens noch größere Herausforderung für das autofreie Leben ist aber das Einkaufen. Wenn man größere Mengen zu transportieren hat, wird mancher sein Auto sehr viel eher vermissen als bei den Wegen zur Arbeit, zur Ausbildung oder zu einem Besuch, bei denen man in der Regel nicht viel transportieren muss. Aber auch für diese Erledigungen finden sich Wege, ohne ein eigenes Auto auszukommen. Dieses Unterkapitel gibt einige Anregungen dafür, wie man auch das Einkaufen weitgehend autofrei bewerkstelligen kann.

Einkaufen in der Nähe

In den letzten Jahrzehnten hat sich das Konsumverhalten zunehmend dahin entwickelt, immer größere Einkäufe in immer größeren Supermärkten und Einkaufszentren zu tätigen, dafür aber seltener einkaufen zu gehen. Am weitesten ist dieser Trend in den USA fortgeschritten, wo viele Familien auch deswegen riesige Pick-up-Trucks und Sport-Geländewagen besitzen, um ihre Großeinkäufe mit für europäische Augen beeindruckenden Riesenpackungen aus den Mega-Supermärkten nach Hause transportieren zu können. Aber auch in Mitteleuropa sieht es nicht grundsätzlich anders aus, und die Folge davon ist ein Strukturwandel der Einkaufs-Infrastruktur: Kleine, dezentrale Läden – oft etwas despektierlich als »Tante-Emma-Laden« bezeichnet – gehen kaputt, weil die Kundschaft wegbricht. Dafür eröffnen immer wieder große Märkte »auf der grünen Wiese« am Rande von Städten, die oft schon von der Infrastruktur her festlegen, wie man dorthin kommt: Statt eines Anschlusses für den öffentlichen Nahverkehr gibt es riesenhafte Parkplätze. Die Folge davon ist nicht nur die immer weitere Konzentration des Einkaufsverkehrs auf das Auto, sondern vielfach auch ausgestorbene Innenstädte und Dörfer, die alles andere als einladend und lebenswert sind. Und obwohl man diesen Fehler in den westlichen Ländern bereits seit den 1960er Jahren gemacht hatte, wiederholte man ihn nach der Wiedervereinigung in den ostdeutschen Bundesländern vielfach und baute auch dort Einkaufszentren mit Großparkplätzen neu, während die Innenbereiche vieler kleinerer Städte ausstarben.

Es ist leicht einzusehen, dass Läden in der Nähe vom Transportaufwand her gesehen immer besser sind als solche in größerer Entfernung. Der Lieferverkehr zu ihnen ist zwar kleinteiliger, macht aber insgesamt wesentlich weniger aus als der viele Verkehr der Kundschaft zu den

Läden. Oft bieten solche kleineren Läden jedoch weniger Auswahl und nicht ganz so günstige Preise wie große Einkaufszentren. Beides sollte man aber für sich hinterfragen: Benötigt man wirklich so viele Varianten jedes einzelnen Produkts, und erhöht das nicht eher die Reizüberflutung beim Einkaufen als den Nutzen? Und welchen Wert hat auf der anderen Seite der soziale Effekt eines kleineren, lokalen Geschäfts, bei dem man nicht nur die Menschen hinter der Ladentheke kennt, sondern auch die Nachbarschaft und Bekannte trifft? Nicht umsonst werden in manchen Dörfern Läden als Nachbarschaftszentrum wieder eröffnet, um das dörfliche Leben wiederzubeleben - und nicht zuletzt auch gebrechlichen Menschen ein selbstbestimmtes Leben zu ermöglichen.. Und bei den Preisen muss man zumindest mit in Betracht ziehen, was das Auto, das man sich durch den Einkauf in der Nähe möglicherweise sparen kann, gekostet hätte. Eine ehrliche Rechnung der Fahrten zum und vom Einkaufszentrum und erst Recht des Autos selbst relativiert den Mehrpreis im nahegelegenen Laden ganz erheblich.

Im Sinne von weniger Verkehr und der Möglichkeit des autoreduzierten oder autofreien Lebens punkten die kleineren, naheliegenden Einkaufsquellen. Eingeschränkt wird die Möglichkeit für das dezentrale Einkaufen natürlich dadurch, dass es das kleine, naheliegende Geschäft in vielen Fällen einfach gar nicht mehr gibt. Nicht jeder hat also die Wahl. Mit dem eigenen Einkaufsverhalten und damit, dass man auch mit anderen darüber diskutiert, kann man jedoch manchem solcher Geschäfte beim Überleben helfen. Und vielleicht gibt es ja schon eine Initiative für die Wiedereröffnung eines Dorfladens, die Unterstützung gebrauchen kann? Oder umgekehrt eine Initiative gegen ein weiteres der großen Einkaufszentren »auf der grünen Wiese«, das absehbar weitere Händler in der Nähe zerstören wird? Strukturwandel wird immer von Menschen gestaltet, und jeder hat einen – größeren oder kleineren – Einfluss darauf.

Einkaufen mit dem Fahrrad

Wenn es nicht zu weit weg ist, kann man auch zum Einkaufen durchaus muskelbetrieben unterwegs sein. Das geht dann meist nur mit kleineren Mengen und erfordert häufigeres Einkaufen als mit dem Auto. Das hat aber wiederum einen positiven Nebeneffekt: Man kann häufiger frische Lebensmittel kaufen, die erstens gesünder sind und zweitens weniger verderben, weil man über kürzere Zeiträume besser planen kann und geringere Mengen benötigt. Wer nicht das Glück hat, ganz in der Nähe der benötigten Geschäfte zu wohnen und viel zu Fuß erledigen zu können, ist oft mit Fahrrad und Taschen gut bedient – auch gut kombinierbar mit anderen Wegen: Einfache Hintertaschen lassen sich an jedem normalen Gepäckträger anbringen. Sie sollten aber stabil sein, wenn man größere Einkäufe dort unterbringen will. Benötigt man noch mehr Platz oder hat gleichzeitig einen Kindersitz auf dem Rad, der leider meist mit den Hintertaschen kollidiert, dann sind zusätzliche Vordertaschen eine gute Idee. Dafür muss ein sogenannter Lowrider am Vorderrad installiert werden – was bei den meisten Fahrrädern, außer jenen mit bestimmten Federgabeln, recht problemlos entweder durch dafür vorgesehene Anbaugewinde oder durch eine andere Anbringung möglich ist – der Fahrradhändler des Vertrauens hilft hier. An diesem Lowrider können dann – etwas kleinere – Vordertaschen angebracht werden. Die Verteilung größerer Gewichte am Rad macht auch das Fahren deutlich stabiler.

Wer regelmäßig größere Mengen transportieren muss, wird hingegen ein Lastenfahrrad zu schätzen wissen. Solche Räder, die sich ebenso perfekt für die Mitnahme von Kindern einsetzen lassen, gibt es in vielen unterschiedlichen Bauformen – mit zwei oder drei Rädern, mit Kisten oder flachen Ladeflächen oder sogar umbaubar. Das Fahren mit einem Lastenrad ist am Anfang etwas gewöhnungsbedürftig, für geübte Radfahrer aber kein Problem. Bei den Modellen mit drei Rädern muss man allerdings erst lernen, dass man sich nicht wie auf zwei Rädern in die Kurve legen kann, sondern dass das Fahrrad stattdessen leicht ins Kippen kommt, wenn man zu rasant um die Kurve fährt. Daher ist es eine gute Idee, vor einem Kauf verschiedene Räder probezufahren. Nicht alle Fahrradhändler verkaufen Lastenfahrräder, andere haben sich aber dafür auf solche besonderen Räder spezialisiert. Die Lastenrad-Datenbank des VCD gibt einen guten und aktuellen Überblick über die verfügbaren Modelle mit und ohne elektrischen Antrieb, die für den eigenen Zweck passend sind.[35]

Auto-Teilen und Liefern-Lassen

Das Fahrrad ist aber nicht für alle Einkäufe optimal. Schwieriger wird es bei größeren Einkäufen oder bei solchen in Läden, die doch weiter weg sind. Wer wenig Zeit hat und einmal pro Woche einen Großeinkauf für sich oder die Familie hinter sich bringt, benötigt dafür je nach Appetit doch eine ganze Menge Platz. Ein Lastenrad dürfte aber auch hier in den meisten Fällen ausreichen, da es kaum weniger Platz bietet als der Kofferraum eines Autos. Eine andere Möglichkeit ist es, nur für diesen Zweck eben doch ein Auto zu verwenden – eine perfekte Einsatzmöglichkeit für Carsharing oder das Autoteilen mit Nachbarn oder Freunden. Nur für den Einkauf einmal pro Woche benötigt man jedenfalls kein eigenes Auto, zumal ein solcher Großeinkauf wohl kaum spontan geschieht, sondern man den Zeitpunkt im Voraus plant.

Immer mehr Supermärkte und auch kleinere Läden, aber auch spezialisierte Lieferdienste bieten außerdem die Lieferung von Einkäufen direkt nach Hause an. Insbesondere für den großen Wocheneinkauf ist das ebenfalls eine gute Möglichkeit, die ab einem bestimmten Bestellvolumen meist sogar kostenfrei erfolgt. Dafür muss man die Produkte entweder selbst im Laden auswählen und bezahlen oder kann dies von zu Hause per Website oder per Smartphone/Tablet-App tun; den Lieferzeitpunkt bestimmt man meist selbst. Solch eine Bestellung spart nicht nur Zeit, sondern für Einkaufsmuffel auch Nerven. Überdies eignet sich diese Art des Einkaufens für Menschen mit Mobilitätseinschränkungen. Und auch wenn so eine Lieferung natürlich nicht mit Muskelkraft geschieht, ist es in Hinblick auf den Energieverbrauch und die Klimaschädigung nicht so schädlich, wenn ein Lieferfahrzeug nacheinander mehrere Haushalte in der Nähe beliefert. Zudem muss der Alltag auch praktikabel bleiben, und gegenüber dem eigenen Auto und häufigeren Einkaufsfahrten ist das Liefern-Lassen eine große Verbesserung und kann zudem eine echte Steigerung der Lebensqualität bedeuten.

Transport von großen Einkäufen

Aber was macht man bei richtig großen Transporten wie dem Einkauf von Möbeln oder Baustoffen? Mit solchen Ladungen ist auch ein eigenes Auto in vielen Fällen überfordert, so dass man sich auch dann gelegentlich nach Alternativen umschauen muss. Aber auch dafür gibt es durchaus Möglichkeiten: Wer in einer größeren Stadt lebt, kann auf Lastentaxis zurückgreifen. Ein solches muss man zwar meistens frühzeitig vorbestellen, nach dem Einkauf wird man aber ganz bequem mit einem Kleintransporter direkt am Baumarkt oder Möbelhaus abgeholt. Bei nicht ganz so riesigen Transporten tut es übrigens auch ein normales Taxi: Fast alle Taxibetriebe haben auch Kombis und Kleinbusse im Angebot, die man spontan für solche Zwecke anfordern kann, wenn man plötzlich mit einem Einkauf vor dem Laden steht, der gegenüber der ursprünglichen Planung ausgeartet ist. Und für große Transporte ist natürlich auch das Mieten eines Transporters oder Kleinbusses für ein paar Stunden eine

Option; manchmal ist dies sogar direkt bei Baumärkten und Möbelhäusern möglich. Dann muss man ihn zwar nur für kurze Zeit mieten, dafür aber nach der Auslieferung zu Hause wieder zurückbringen. Demgegenüber spart das (Lasten-)Taxi Zeit und Aufwand. Und wie so oft relativieren sich die auf den ersten Blick hohen Kosten, wenn man die eingesparten Ausgaben für ein eigenes Auto mit in die Rechnung nimmt – das den Transport möglicherweise ohnehin nicht geschafft hätte.

Viele Möbelhäuser und Baumärkte bieten überdies noch einen sehr viel komfortableren Weg: Sie liefern selbst oder durch einen Lieferdienst direkt nach Hause. So kann man ganz einfach mit dem Fahrrad oder dem öffentlichen Verkehr nach Hause fahren, und die Möbel oder Baumaterialien kommen dann später hinterher – mit Lieferung direkt in die Wohnung. Auf Möbel und Baumaterialien muss man also auch als Auto-Abstinenzler nicht verzichten.

Transportvermeidung und lokale Produkte

Beim Einkaufen geht es letztlich jedoch nicht nur um die eigenen Fahrten zu den Läden. Wer sich ernsthaft Gedanken um das Klima macht, sollte auch die Transporte bis dahin – von den Rohstoffquellen in die Fabriken und schließlich in die Geschäfte – nicht vergessen. Diese machen in der Regel ein Vielfaches von dem Transportaufwand aus, den man selbst beim Nach-Hause-Bringen der Einkäufe benötigt. Global gesehen geht es dabei um riesige Mengen an Gütern, die mit Schiffen, Lkws und Flugzeugen über viele tausend Kilometer um die Welt versandt werden. Viele Produkte haben unter Berücksichtigung der Vorprodukte rechnerisch schon mindestens einmal die Erde umrundet, bevor sie im eigenen Haushalt landen. Die Transportkosten sind so gering, dass sie beim Endpreis der Produkte meist keine Rolle spielen. Aber lässt sich hier überhaupt etwas selbst beeinflussen? Die Einflussmöglichkeiten sind sehr begrenzt, aber über das Konsumverhalten lässt sich durchaus Einiges steuern.

Der beste Weg zur Transportvermeidung ist die Auswahl möglichst regionaler Produkte. Das gilt insbesondere für landwirtschaftliche Produkte, aber auch für Milchprodukte und Backwaren, die in den meisten Regionen auch lokal produziert werden. So vermeidet man nicht nur lange Transportwege, sondern oft geraten die regionalen Produkte auch frischer und haben dadurch eine deutlich höhere Qualität. Wochenmärkte sind eine sehr gute Quelle für regionale Produkte, wo man direkt bei den Herstellern einkauft. Das ist nicht nur maximal frisch, sondern so lernt man auch die Landwirte kennen, die das Obst und Gemüse angebaut haben – was eine höhere Wertschätzung für die Nahrungsmittel mit sich bringt. Und wer regelmäßig Obst und Gemüse oder auch andere Erzeugnisse von einem Hof beziehen möchte, der kann auch eine Abo-Kiste von einem lokalen Bauern bestellen, die dann wöchentlich mit den frischen Produkten der Saison – je nach Wunsch – direkt nach Hause geliefert wird. Das ist nicht nur ein bequemer Weg, frische und biologische Lebensmittel einzukaufen, sondern hilft nebenbei auch den kleinen Höfen beim Wirtschaften, weil sie so feste, planbare Abnahmemengen haben. Und um einen landwirtschaftlichen Betrieb noch intensiver zu unterstützen, kann man sich einer »SoLaWi«, einer solidarischen Landwirtschaft anschließen. Bei solchen Betrieben wird das Risiko zwischen allen Beteiligten aufgeteilt, indem die Kundinnen und Kunden einen festen Betrag zahlen, oft zusätzlich auch selbst auf dem Hof mitarbeiten, und dafür dann einen entsprechenden Anteil der Produkte erhalten – in guten Jahren mehr, in schlechten Jahren weniger.

Wer Produkte aus regionaler Herstellung und mit guter Ökobilanz kaufen möchte, sollte sich im Übrigen nicht von den diversen Bio-Labels blenden lassen. Insbesondere in großen Supermärkten sind die Bio-Produkte häufig alles andere als regional, sondern stammen aus Betrieben von weit her, teilweise sogar aus dem Ausland. Supermarktketten – ob bio oder nicht – haben von wenigen erfreulichen Ausnahmen abgesehen zentralisierte Vertriebsstrukturen, um die Kosten gering zu halten und in großen Mengen günstig einkaufen zu können. Im Zweifel hilft nur ein Blick auf die Verpackungen, um den Produktionsort und damit den Transportaufwand zu ermitteln.

Manche Transporte lassen sich aber auch ganz banal einsparen: Ein häufiges Argument für die Notwendigkeit des eigenen Autos ist beispielsweise der Transport von Getränkekisten. Aber nicht jeder solche Transport ist notwendig. Sprudel lässt sich beispielsweise ebenso gut zu Hause herstellen – mit Hilfe eines Sodasprudlers. Das ist weder geschmacklich ein Problem noch gesundheitlich. Trinkwasser ist sowohl in Österreich und der Schweiz als auch in Deutschland eines der am besten kontrollierten Lebensmittel und kann – wie der Name schon sagt – bedenkenlos getrunken werden. Untersuchungen der Wasserqualität[36] haben eher in Mineralwasser in Flaschen problematische Inhaltsstoffe gezeigt als im Trinkwasser. Schwieriger wird es natürlich bei Säften, Bier, Wein und ähnlichem, die man wohl kaum zu Hause produzieren wird. Aber da man solche Getränke nicht täglich kaufen muss, ist hier der Lieferservice vieler Geschäfte wiederum eine gute Option. Und auf die regionale Herstellung lohnt es sich bei Getränken aufgrund des hohen Transportgewichts ganz besonders zu achten.

Richtig schwierig wird es bei solchen Produkten, die nicht regional produziert werden. Das sind vor allem Industrieprodukte, die oft in einer globalen Arbeitsteilung entstehen – insbesondere technische Geräte. An dieser Stelle kommt der enorme Energieaufwand für die Produktion mit dem des Transports zusammen – und auf beides hat man beim Kauf kaum einen Einfluss. Hier kann letztlich nur eins die Konsequenzen etwas abmildern: der Kauf möglichst dauerhafter – und möglichst weniger – Produkte, die man lange Zeit verwenden kann. Denn was gar nicht erst produziert und transportiert werden muss, spart am meisten Energie und Ressourcen. Leider sind insbesondere technische Geräte inzwischen häufig so konstruiert, dass sie eben nicht sonderlich lange halten, sondern gerade einmal die Gewährleistungszeit überstehen – man spricht dann von geplanter Obsoleszenz. Davor kann der Blick auf Testberichte zumindest etwas schützen, und oft lassen sich Geräte auch anders als von den Herstellern vorgesehen doch reparieren. Dabei können sogenannte »Repair Cafés« helfen, in denen man Unterstützung bei der Selbst-Reparatur von Geräten findet. Und wer selbst nicht allzu viel Respekt vor dem Öffnen von Geräten hat, findet im Internet inzwischen eine große Anzahl von Video-Anleitungen, bei denen das Öffnen und die Reparatur von Geräten erklärt wird. Und wer das selbst nicht kann, hat vielleicht einen Bekannten, der gerne an technischen Geräten bastelt und sich über eine Gegenleistung auf anderer Ebene freut.

Ein besonderes Problem mit Blick auf den Transport ist der Online-handel. Durch seine zunehmende Verbreitung hat sich das Aufkommen von Paketen in den letzten Jahren vervielfacht – mit ebenfalls negativen Auswirkungen auf Klima und Umwelt, zumal es inzwischen viele parallele Logistikstrukturen der unterschiedlichen Anbieter gibt, die fast ausschließlich auf Lkw-Verkehr beruhen. Auch mit den Arbeitsbedingungen in der Paketbranche sieht es häufig nicht gut aus. Für viele Bereiche ist die Lieferung per Paket inzwischen aber kaum noch wegzudenken. Man an kann sich jedoch zumindest die Konsequenzen bewusst machen und gelegentlich fragen, ob wirklich immer jede Bestellung notwendig ist – ganz besonders bei schweren Produkten. Manches lässt sich ebenso gut in lokalen Läden kaufen und mit Verweis auf den unschlagbaren Preis im Internet vielleicht auch so herunterhandeln, dass das Budget dabei nicht zu sehr in Mitleidenschaft gezogen wird. Und besonders bei Geräten ist der Vorteil des Services vor Ort nicht zu missachten: In einem stationären Geschäft lassen sich sehr viel einfacher Produkte reklamieren oder Nachfragen stellen als bei einem Onlinehändler.

Weiterlesen:

Einen Überblick über Fahrradtaschen für unterschiedliche Zwecke ist hier zu finden: www.fahrradmagazin.net/testberichte/fahrradtaschen-test/ Auch die Seite www. fahrradtaschen.net/ bietet einen guten Überblick über verschiedene Modelle.

Der VCD zeigt viele Möglichkeiten für den Einsatz von Lastenrädern auf: lastenrad. vcd.org/

Lastentaxis für den jeweiligen Ort lassen sich über eine Internetsuche oder im Branchenbuch am besten Finden – leider gibt es bislang keine brauchbare Suchmaschine speziell dafür.

Überblick über Biohöfe, die Kisten mit Obst und Gemüse direkt nach Hause liefern in Deutschland: www.biokisten.org oder www.bio-abokisten.de/; Österreich: www. umweltberatung.at/biokistl-anbieterinnen-aus-oesterreich oder www.bio-austria. at/download/bio-kistl-anbieter-in-oesterreich/. In der Schweiz gibt es ebenfalls zahlreiche regionale Anbieter von Biokisten.

Überblick über Höfe, die Solidarische Landwirtschaft (SoLaWi) anbieten und mehr Details über diese Art zu wirtschaften: www.solidarische-landwirtschaft.org

Für Wassersprudler gibt es hier einen guten Überblick und Testberichte: wassersprudlerinfo.com/

Mit dem Thema »Geplante Obsoleszenz« befasst sich inzwischen ein Verein, der eine Kampagne für länger haltbare Geräte durchführt: www.murks-nein-danke.de

Informationen über Repair Cafés in Deutschland, Österreich, der Schweiz und weiteren Ländern sind hier zu finden: repaircafe.org/de/ Dort gibt es auch Tipps für den Start eines eigenen Repair Cafés.

Zum Thema Onlinehandel und stationärer Handel gibt es hier einen interessanten Beitrag: www.deutschlandradiokultur.de/versandhandel-ist-onlineshopping-schaedlich-fuers-klima.976.de.html

2.4. Ausflüge

»Lieber ein autofreier Erlebnistag als ein erlebnisfreier Autotag.«
Richard Groß (ehem. Landrat des Kreises Trier-Saarburg)

Jeder macht gerne Ausflüge am Wochenende oder an den Feiertagen. Ganz besonders wer im Stadtinneren wohnt, hat oft das Bedürfnis, in der Freizeit in die Natur zu fahren und Landluft zu schnuppern. Wer in einer eher ländlichen Gegend wohnt, hat umgekehrt eher das Bedürfnis nach den vielfältigen Angeboten und Möglichkeiten in der Stadt. Für beides wird das eigene Auto vielfach als unverzichtbar angesehen, selbst wenn es im Alltag keine große Rolle spielt. Aber man kann auch ohne Auto wunderbare Ausflüge machen – auch wenn man manches etwas anders organisieren muss. Und Ausflüge ohne Auto haben auch ganz erhebliche Vorteile: Zum ersten spart man sich die Staus, denn oft ist man an Tagen mit Ausflugswetter mit der Idee für eine Tour alles andere als alleine. Außerdem muss man nicht immer zum eigenen Fahrzeug zurück und ist damit flexibler.

Auswahl von Ausflugszielen

Es stimmt: Man kommt nicht überall mit dem öffentlichen Verkehr hin. Aber man kommt auch nicht überall mit dem Auto hin. So oder so wählt man seine Ausflugsziele also meist auch nach der Erreichbarkeit und der Fahrzeit aus. Und die Kombination mehrerer Verkehrsmittel erhöht den Aktionsradius ungemein: Mit Bahnen und Bussen für die längere Strecke und dann mit dem Fahrrad oder zu Fuß erreicht man fast jedes Ziel. Wenn man es gewöhnt ist, die Erreichbarkeit mit dem Auto – ob bewusst oder unbewusst – bei der Planung von Ausflügen mitzudenken, dann muss man sich erst einmal umstellen. Aber hierbei bietet wieder einmal das Internet eine hervorragende Unterstützung. Gute Orientierung geben die bekannten Online-Karten wie OpenStreetMap und Google Maps, die sowohl Bahnstrecken und Buslinien mitsamt Haltestellen als auch Fahrrad- und Wanderwege anzeigen können. Damit bekommt man einen sehr guten Überblick, welche Orte man leicht und angenehm erreichen kann.

Darüber hinaus gibt es aber spezialisierte Internetseiten, die auf die Planung von autofreien Ausflügen ausgerichtet sind. Am überzeugendsten scheint das Projekt www.naturtrip.org zu sein. Auf dieser Website kann man seine eigenen Ausflugstipps hochladen und für andere zugänglich machen, die berühmte »Schwarmintelligenz« wird also für Ausflugsideen genutzt. Mithilfe der Software ist es dann möglich, Orte nach Anreisezeit, nach Art des Ausflugs (Natur, Kultur, Kinder-Aktivitäten o. ä.) oder nach vielen anderen Kriterien zu suchen. Bislang funktioniert dieses Verfahren leider erst für die Region Berlin-Brandenburg, das System soll aber noch wesentlich weiter ausgedehnt werden. Gute Bücher mit Ausflugstipps, die es für alle Regionen gibt, sind natürlich ebenso wertvoll – wenn auch oft nicht ganz so aktuell wie Internet-Tipps. Zum Blättern und Ideensammeln auf dem Sofa funktionieren sie aber hervorragend. Und besonders Urlaubsregionen und Naturparks haben oft auch eigene Websites und Broschüren mit Ausflugstipps, bei denen die Erreichbarkeit mit den unterschiedlichen Verkehrsmitteln dargestellt ist.

Ausflüge mit dem öffentlichen Verkehr

Die Anreise mit dem öffentlichen Verkehr wird für die meisten zwischen größeren Städten und dem Umland der bevorzugte Weg sein – und funktioniert natürlich wiederum vor allem dort, wo dieser gut ausgebaut ist.

Mehr noch als bei den täglichen Wegen sind entsprechende Smartphone-Apps der Verkehrsverbünde oder Verkehrsbetriebe mit den Fahrplänen sehr hilfreich, weil man die Verbindungen meist nicht kennt. Zudem sind an den Wochenenden die Fahrpläne oft deutlich dünner als in der Woche und es lohnt sich daher umso mehr, die möglichen Abfahrtszeiten etwas längerfristig im Auge zu behalten, um nicht an der Haltestelle warten zu müssen, sondern die Zeit bis zum nächsten Bus oder der nächsten Bahn lieber noch in einem Café zu verbringen.

In den Zügen ist es in der Regel problemlos möglich, Fahrräder – und auch Kinderanhänger – mitzunehmen, um von einem Bahnhof aus eine Radtour zu starten. So ist der öffentliche Verkehr gegenüber dem Auto, wo die Mitnahme von Fahrrädern und ganz besonders Kinderanhängern ein aufwändiges Unterfangen ist, klar im Vorteil. Meist ist für das Fahrrad allerdings ein gesondertes Ticket notwendig, und Tandems sowie Lastenräder sind von der Beförderung oft ausgeschlossen. In Bussen ist es dagegen nicht immer möglich, ein Fahrrad mitzunehmen, so dass als Startpunkt von Radtouren dann nur die Bahnhöfe bleiben. In einigen Regionen mit viel Fahrradverkehr klappt die Fahrradmitnahme aber auch im Bus – oft mit einem Gepäckträger oder Anhänger. In der Regel veröffentlichen die Verkehrsverbünde Broschüren über die Möglichkeiten und Bedingungen der Fahrradmitnahme.

Wenn man in einer Gruppe mit Freunden oder der Familie unterwegs ist, bieten sich in allen deutschen Bundesländern die jeweils verfügbaren Ländertickets an, mit denen bis zu fünf Personen sehr preisgünstig den ganzen Tag unterwegs sein können. Das Besondere an der Anreise mit dem öffentlichen Verkehr ist die Tatsache, dass man sich um die Strecke überhaupt keine Gedanken machen muss; man wird ganz komfortabel zum Ausflugsort gefahren und kann durch das Fenster die Landschaft oder die Stadt genießen.

Ausflüge zu Fuß und mit dem Fahrrad

Beim Wandern und Fahrradfahren muss man dagegen zwar selbst auf den Weg achten, aber im Gegensatz zum Auto kann man so gut wie alle Wege benutzen. Das macht Wanderschuhe und Fahrräder zu idealen Verkehrsmitteln für die, die nahe an der Natur sein wollen. Statt hinter Blech und Glas zu sitzen, ist man immer mittendrin und kann die Umgebung mit allen Sinnen wahrnehmen. Und da man das Fahrrad in Bahnen und manchmal auch in Bussen mitnehmen kann, hat es gemeinsam mit dem Wandern einen weiteren entscheidenden Vorteil: Man muss nicht zum Ausgangsort zurück, sondern man geht oder fährt von einem Ort zum anderen und steigt an einem anderen Bahnhof wieder ein.

Wenn man eine Wander- oder Fahrradtour plant, hängt die Länge von der eigenen Fitness und den geographischen Gegebenheiten ab. Als Richtwerte kann man davon ausgehen, dass man bei strammem Wandertempo etwa 5 Kilometer pro Stunde schafft, bei gemächlicherem Gang mit vielen Pausen zum Umschauen eher die Hälfte. Mit dem Fahrrad schaffen regelmäßige Radler auch 20 bis 25 Kilometer pro Stunde, ungeübte eher 10 bis 15. Eine Tagestour von 50 bis 60 Kilometern ist für einen Ausflug, bei dem man ja nicht den ganzen Tag auf dem Sattel verbringen will, also ein guter Richtwert.

Aber was ist, wenn ich nicht nur alleine oder mit Freunden unterwegs bin, sondern kleine Kinder oder Gepäck mitnehmen möchte? Wer mit einem Kinderwagen wandert, ist mit der Auswahl der Wege durchaus eingeschränkt. Flexibler aber auch anstrengender für die Eltern ist eine Kindertrage auf dem Rücken – ein bequemer Sitz für Kinder bis zum Alter von etwa 3 Jahren mit einem Tragesystem ähnlich wie bei einem Trekkingrucksack. Beim Fahrrad sind die Möglichkeiten für schöne Touren mit Gepäck und/oder Kindern deutlich vielfältiger: Für Gepäck bieten sich Taschen an – entweder nur hinten, oder wenn man vorne und hinten Taschen hat, dann kann man sogar die komplette Ausstattung zum Zelten und Kochen mitnehmen. Für ganz viel Gepäck oder für die Mitnahme von Kindern sind Anhänger eine gute Lösung. Das Gewicht ist damit nicht am Rad, und Anhänger rollen meist sehr gut und sicher. Es gibt sie für ganz unterschiedliche Zwecke – nur für Gepäck, für ein oder zwei Kinder und etwas Gepäck oder sogar für Hunde. Kleinkinder bis zum Alter von etwa 6 Jahren passen gut in Kinderanhänger und sind dort – gut angeschnallt – für Touren am sichersten untergebracht. Sie haben ihren eigenen kleinen wettergeschützten Raum und eine gute Sicht auf die Umgebung.

Ausflüge mit geteilten oder gemieteten Autos

Und wenn man ohne Auto überhaupt nicht dorthin kommt, wo man gerne hinmöchte? Wenn man Sportgeräte wie Kanus, Skier, Schlitten o. ä. mitnehmen möchte? Es gibt sicherlich Situationen, für die ein Auto schwer zu ersetzen ist. Auch deswegen muss man aber kein eigenes Auto besitzen, sondern man kann für solche Fälle ebenso gut auf ein Carsharing-Auto, ein privat geteiltes Auto oder einen Mietwagen zurückgreifen (siehe Kapitel 2.2). Die Kosten eines geliehenen Autos mögen für den einzelnen Tag auf den ersten Blick hoch erscheinen. Wie so oft relativieren sie sich aber wiederum, wenn man die Einsparungen dadurch betrachtet, dass man kein eigenes Auto kaufen und unterhalten muss – vom zeitlichen Aufwand und der Mühe ganz abgesehen. Das gleiche gilt für den Fall, dass man von schlechtem Wetter oder Pannen eingeholt wird und sich dann vielleicht doch einfach einmal ein Taxi ruft. In einem Mix von Mobilitätsoptionen kann ein Auto durchaus auch eine sinnvolle Rolle spielen, aber es gibt in den meisten Fällen noch viele andere Möglichkeiten.

Weiterlesen:

Überblickskarten mitsamt öffentlichem Verkehr, Radwegen und Fußwegen im Internet: www.openstreetmap.org, www.opencyclemap.org, maps.google.de

Für die Fahrpläne des öffentlichen Verkehrs gibt es von fast allen Verkehrsverbünden und Verkehrsbetrieben entsprechende Apps, die häufig sogar die direkte Buchung von Tickets ermöglichen. Aber auch unabhängige Apps wie »Öffi« sind sehr hilfreich. Für den Schienenverkehr funktionieren der »DB Navigator«, die »ÖBB App« und »SBB Mobile« meist am besten.

Für die Planung von Ausflügen ohne Auto rund um Berlin gibt es gleich zwei sehr nützliche Seiten: www.naturtrip.org (Weitergabe von Ausflugstipps, die man auch selbst hochladen kann) und www.wander-bahnhoefe-brandenburg.de (sehr gut klassifizierte und mit herunterladbaren Karten beschriebene Wanderwege zwischen den Haltepunkten des öffentlichen Verkehrs)

Kindertragen für Wanderausflüge sind hier im Überblick getestet: www.outdoor-magazin. com/test/rucksaecke/kindertragen-im-test.852024.3.htm

Der Radtourenplaner des ADFC bietet schöne Touren in Deutschland und den Nachbarländern an – sortiert nach Längen, zu überwindenden Höhen und anderen Kriterien: www.adfc-tourenportal.de/ Für die Schweiz liefert www.veloland.ch einen Überblick über die Radwege, und in Österreich www.radtouren.at. Auf www.outdooractive. com finden sich Rad- und Wandertouren verschiedener Schwierigkeitsgrade in Deutschland, Österreich, der Schweiz und darüber hinaus.

Viele weitere Tipps für größere Reisen, die aber ebenso für kleinere Ausflüge brauchbar sind, finden sich am Ende des nächsten Abschnitts.

2.5. Urlaubsreisen

»Mit dem Auto ist ja die Kunst des Ankommens verlorengegangen.«

Erich Kästner (Autor) in »Ölberge, Weinberge« (1953)

»Schildkröten können mehr von der Straße erzählen als Hasen.«

Khalil Gibran (Autor) in »Sand und Schaum« (1926)

Für die große Urlaubsreise scheint das Auto insbesondere für Familien meist unverzichtbar. Das kollektive Ergebnis ist dann immer zum Ferienbeginn in den Staunachrichten zu hören. Einerseits ist das Auto enorm praktisch, um die ganze Familie und das Reisegepäck auf einmal mitzunehmen und direkt am Ziel anzukommen. Und am Urlaubsort ist man dann mit dem Auto ganz genauso mobil wie zu Hause. Andererseits verursacht das Autofahren aber auch eine Menge Stress – nicht nur durch Staus, sondern auch durch das stundenlange Eingeschlossen-Sein auf engstem Raum und die regelmäßige Frage vom Rücksitz: »Wann sind wir denn da?«

Es gibt also Gründe, sich über Alternativen Gedanken zu machen. Bei Fernreisen hängen die Möglichkeiten stark vom Reiseziel ab. Bei den Entfernungen, die man sonst mit dem Auto zurückgelegt hätte, ist die Bahn oft eine gute Option. Glücklicherweise gibt es in Mitteleuropa ein dichtes Bahnnetz und auf den meisten Strecken gute Verbindungen, auch wenn in den letzten Jahrzehnten einige davon abgebaut worden sind. Manchmal ist das Auto aber auch nur schwer zu ersetzen. Für eine Urlaubsreise einmal im Jahr muss man aber nicht unbedingt ein eigenes besitzen, sondern ein Leih- oder Mietwagen kann ebenso gute Dienste leisten. Dieses Kapitel soll verschiedene Möglichkeiten aufzeigen, Urlaubsreisen ohne eigenes Auto zu organisieren.

Reisen mit der Bahn

Die mit Abstand entspannteste und dazu auch schonendste Reise ist in der Regel die mit der Bahn. Auch Züge sind – genauso wie Autobahnen – zum Ferienbeginn und um die Feiertage herum oft sehr gut gebucht. Wenn man aber frühzeitig Plätze reserviert, hat man seine garantierten gemeinsamen Sitzplätze und muss sich nicht allzu viele Gedanken um die vollen Züge machen. Frühes Buchen lohnt sich außerdem oft auch deswegen, weil man dann noch recht günstige Tickets bekommen kann – übrigens häufig auch auf grenzüberschreitenden Reisen. Das gilt in Deutschland sehr viel stärker als in Österreich und der Schweiz, weil die Deutsche Bahn immer wieder wechselnde Spezialtarife anbietet, die die Suche nach günstigen Tickets leider zunehmend unübersichtlich machen.[37] Wie generell bei Bahnreisen bieten sich – je nach Häufigkeit der Reise – überdies die Rabattkarten wie in Deutschland die BahnCard[38], in Österreich die Vorteilscard oder in der Schweiz das Halbtax-Ticket an. Obwohl viele Fluglinien noch von dem Mythos des »Billigfliegers« profitieren, entspricht dies oft nicht der Realität. Vergleichstests haben ergeben, dass für die weit überwiegende Zahl der Reisen – sogar bei unterschiedlichen Vorbuchungsfristen – die Bahn deutlich günstiger ist als das Flugzeug.[39]

Für Familienreisen mit der Bahn bietet sich das Kleinkindabteil oder der Familienbereich an, die sich in fast allen Fernverkehrszügen finden. Beides lässt sich direkt bei der Buchung mit reservieren. So kann man angenehm in einem eigenen, abgeschlossenen Abteil reisen – mit viel Platz zum Spielen oder für die Kleinen auch zum Schlafen. Eine Reise bietet viel Zeit zum gemeinsamen Lesen, Ausruhen oder Aus-dem-Fenster-Schauen – so beginnt der Urlaub schon auf der Reise. Das Kleinkindabteil ist außerdem in der Regel gleich neben einer Toilette mit Wickeltisch untergebracht. Und in dem Abteil ist es anders als im Großraumwagen auch kein Problem, falls die Kleinen gerade nicht so große Lust auf Reisen haben und es einmal etwas lauter wird. Sehr praktisch ist es außerdem, dass in Deutschland Kinder bis zum Alter von 14 Jahren kostenlos mit den Eltern (oder Großeltern) mitfahren. Allerdings müssen sie ab dem Alter von 6 Jahren mit auf dem Ticket eingetragen sein, also schon bei der Buchung mit angegeben werden. In Österreich und der Schweiz reisen Kinder bis 6 Jahre ebenfalls kostenlos mit und zwischen 6 und 14 zum reduzierten Kindertarif; in Österreich fahren sie mit der »Vorteilscard Family« sogar bis zum Alter von 14 Jahren kostenfrei.

Für sehr weite Reisen sind Nachtzüge oft eine sehr gute Option. Das bequeme Fahren über Nacht – je nach Budget im Schlaf- oder Liegewagen – ermöglicht es, ausgeschlafen am Zielort anzukommen und wenn nötig auch noch mit einem Anschlusszug bis zum Ziel weiterzureisen. Auf diese Weise waren bislang fast alle Ziele in Frankreich und in Norditalien von Deutschland aus gut erreichbar, und auch von Österreich und der Schweiz aus konnte man bis nach Skandinavien reisen. Leider engagieren sich viele der europäischen Bahnunternehmen – mit der ÖBB als erfreuliche Ausnahme – nicht mehr besonders für die Nachtzüge. Viele der Züge sind inzwischen recht alt, und viele Linien wurden in den letzten Jahren eingestellt – darunter auch regelmäßig ausgebuchte Verbindungen wie von Hamburg, Berlin und München nach Paris.[40] Teilweise füllen jedoch andere Bahnunternehmen die Lücken, und das große zivilgesellschaftliche Engagement für die Nachtzüge macht Hoffnung, dass es zu einer Renaissance des Nachtzugverkehrs kommt. Damit bleibt das mit Abstand klimafreundlichste und gleichzeitig bequemste Verkehrsmittel auf Langstrecken auch in Zukunft auf vielen Strecken eine gute Möglichkeit.

Neben der Bahn etabliert sich in den letzten Jahren zunehmend auch noch eine weitere klimafreundliche Reiseoption, die Fernbusse. Sie können zwar bei weitem nicht mit dem gleichen Komfort aufwarten wie die Bahn und sind auf den meisten Strecken deutlich länger unterwegs, dafür sind sie preislich oft sehr attraktiv und bieten auf einigen Strecken auch im grenzüberschreitenden Verkehr Direktverbindungen, wo mit der Bahn mehrmaliges Umsteigen notwendig ist. Momentan gibt es einen enormen Preiskampf und gegenseitiges Aufkaufen der Unternehmen, sodass der Markt inzwischen recht überschaubar geworden ist. Es gibt auch immer wieder Berichte über schlechte Arbeitsbedingungen bei den

Busunternehmen und Überschreitungen der zulässigen Lenk- und Ruhe-zeiten; zudem haben Fernbuskunden nicht die gleichen Fahrgastrechte bei Verspätungen und Ausfällen wie bei der Bahn.

Reisen mit viel Gepäck

Auf Urlaubsreisen hat man häufig viel und sperriges Gepäck dabei – besonders wenn man mit Kindern unterwegs ist. Hier bietet das Auto natürlich den unbestreitbaren Vorteil, dass man am Startort alles einpackt und am Zielort wieder auslädt, während man das Gepäck auf dem Weg zum Bahnhof selbst mitnehmen und bei jedem Umsteigen tragen oder rollen muss. Das wird durch die inzwischen an allen größeren Bahnhöfen installierten Aufzüge und Rolltreppen immerhin vereinfacht. Und von zu Hause bis zum Bahnhof kann ein Taxi den Weg enorm vereinfachen, zumal die Taxifahrer meist auch mit dem Gepäck helfen. Wenn man das eingesparte Geld für ein eigenes Auto gegenrechnet, relativieren sich die Kosten für gelegentliche Taxifahrten.

Aber es gibt für sperriges Gepäck auch noch eine komfortablere Lösung, nämlich das Vorausschicken von Koffern. Das lässt sich ent-weder über die Bahnen direkt buchen, wird aber ebenso von vielen Paketdiensten angeboten. Man muss den entsprechenden Koffer dann zwar schon ein bis zwei Tage früher fertig gepackt haben, dafür steht er bei der Ankunft bereits am Zielort in der Ferienwohnung oder im Hotel. Und als Zusatzoption lässt sich auch die Abholung zu Hause innerhalb eines bestimmten Zeitfensters buchen. Für die Rückreise funktioniert das ebenso; der Koffer wird dann einen Tag nach der Rückkehr wieder zu Hause abgeliefert.

Auch die Mitnahme von Fahrrädern, um diese am Urlaubsort zur Verfügung zu haben, ist in vielen Zügen kein Problem. Allerdings weigert sich die Deutsche Bahn AG leider noch immer, Fahrräder in ihren ICEs zuzulassen, so dass man auf InterCity-, Nacht- und Nahverkehrszüge ausweichen muss. Nur klappbare Räder können auch im ICE mitgenommen werden. Mit der nächsten Generation von ICEs (ICE 4) soll aber endlich auch in den Hochgeschwindigkeitszügen die Fahrradmitnahme möglich sein. In Deutschland werden für die Fahrradmitnahme ein Fahrradticket und eine Reservierung benötigt. Auch in Österreich und in der Schweiz braucht man ein Fahrradticket bzw. Fahrradbillett. In der Schweiz ist die Mitnahme von Fahrrädern in einer speziellen Tasche (»TranZBag«) als Gepäck sogar kostenlos möglich. Das Vorausschicken von Fahrrädern ist – genau wie bei Koffern – eine weitere Option, die allerdings nicht ganz billig ist.

Besonders auf Reisen mit Familien und mit viel Gepäck entspannt es die Reise enorm, wenn man möglichst wenig umsteigen muss. Leider hat die Bahn in Deutschland anders als in Österreich und in der Schweiz in den letzten Jahren insbesondere mit der Abschaffung der InterRegio-Züge viele Direktverbindungen gestrichen und durch Umsteigeverbindungen ersetzt. Dennoch ist es noch immer auf vielen Strecken möglich, umsteigefrei oder mit maximal einem Umstieg zu reisen – vor allem wenn man zeitlich flexibel ist. Und wenn Umsteigen unvermeidlich ist, kann es sich auf einer längeren Reise anbieten, am Umsteigeort gleich noch ein bis zwei Stunden Pausenzeit einzuplanen, um in Ruhe zu essen oder Kaffee zu trinken. Auch eine Übernachtung auf der Reise kann schön sein – um eine neue Stadt kennenzulernen oder Freunde und Verwandte zu besuchen. Urlaubsreisen sind letztlich auch eine Frage der eigenen Einstellung: Wer den Weg schon als Teil des Urlaubs begreift, kann sich schon auf der Reise entspannen. Eine bequeme Reise ist oft angenehmer als eine schnelle, besonders wenn man durch schöne Gegenden fährt. Und wenn man nicht noch knapp eine Fähre erreichen muss, lassen sich schlimmstenfalls auch Verspätungen entspannt sehen, die in Deutschland mit der zunehmenden betriebswirtschaftlichen Ausrichtung der DB AG leider ein alltägliches Phänomen im Bahnverkehr geworden sind. Schließlich sitzt man ja im Zug angenehm, es gibt in der Regel ein Bordrestaurant, und bei größeren Verspätungen bekommt man – gemäß den europäischen Fahrgastrechten – sogar gleich auch noch einen Teil des Fahrpreises zurück: 25 % bei einer Stunde Verspätung und 50 % bei zwei Stunden. Bei Verspätungen in der Nacht hat man im Übrigen schlimmstenfalls sogar Anrecht auf einen Weitertransport mit dem Taxi oder eine Hotelübernachtung.[41]

Schwer erreichbare Urlaubsziele

Alleine mit dem öffentlichen Verkehr sind aber leider nicht alle Ziele problemlos erreichbar. Da man nicht immer sein Urlaubsziel nach der Erreichbarkeit mit Bahnen und Bussen auswählt, muss man in bestimmten Fällen doch auf das Auto zurückgreifen. Gibt es keinen Bus, der bis zum Urlaubsort fährt, holen möglicherweise die Vermieter oder Hotels ihre Gäste auch vom Bahnhof ab. Eine Nachfrage kann sich auf jeden Fall lohnen. Sonst ist ein Taxi vom nächstliegenden Bahnhof die Möglichkeit der Wahl. In dünn besiedelten Gegenden, wo es nicht viele Taxis gibt, ist es dabei meist ratsam, vorher per Internet oder durch Nachfrage beim Vermieter ein Taxiunternehmen ausfindig zu machen und das Taxi vorzubestellen, um lange Wartezeiten zu vermeiden.

Und nicht zuletzt bleibt die Fahrt mit dem Auto über die ganze Strecke ebenfalls eine Möglichkeit. Wer für den Urlaub zwei oder drei Wochen im Jahr einen Mietwagen nimmt oder privat ein Auto ausleiht, ist damit unterm Strich immer noch sehr viel schonender und oft auch günstiger unterwegs als mit einem eigenen, im Alltag wenig genutzten Auto.

Fahrrad- und Wanderreisen

Es sind aber auch noch ganz andere Verkehrsmittel für die Reise denkbar. Wie wäre es beispielsweise mit einer Fahrradreise oder einer Wandertour? Dabei bekommt die Redewendung »Der Weg ist das Ziel« noch einmal eine ganz besondere Bedeutung, denn die Reise wird damit selbst schon zum Urlaub. Mit der entsprechenden Ausstattung – Gepäckträger und Taschen vorne und hinten am Rad oder ein Anhänger – ist auch mit dem Fahrrad die Mitnahme von einer ganzen Menge Gepäck möglich. Ein Rucksack beim Wandern bietet nicht ganz so viel Raum, aber ebenfalls genügend für mehrtägige Touren. Sogar eine komplette Ausstattung zum Zelten und Kochen findet mit etwas gutem Willen am Fahrrad oder im Rucksack Platz. Kleine Kinder können die Fahrradreise im Fahrradanhänger, wo sie geschützt vor Wind und Wetter auch auf der Fahrt schlafen können, am besten genießen.

Auf vielen Strecken – ganz besonders entlang der europäischen Flüsse – gibt es inzwischen gut ausgebaute und beschilderte Fahrradrouten, auf denen man über weitere Strecken komfortabel reisen kann. Für alle diese Radwege gibt es eigene Webseiten und Bücher mit Karten, touristischen Informationen und Unterkünften entlang der Routen. Außerdem steht der Verlauf der Wege teilweise als GPX-Dateien auf den entsprechenden Websites bereit, so dass man die Route in ein GPS-Gerät oder ein Smartphone laden kann. Bei der Zusammenstellung von Fahrradrouten auch auf weiten Strecken hilft die Seite www.radweit.de, und im »Radnetz Deutschland« (www.radnetz-deutschland.de) sind die wichtigsten, besonders gut ausgebauten Radrouten in Deutschland zusammengestellt (und alle als GPX-Daten verfügbar). In Österreich bietet die Seite www.radtouren.at den besten Überblick – inklusive einer interaktiven Karte und Tipps für Unterkünfte. Und viele Tipps für Fahrradreisen, die – anders als der Name suggeriert – in allen Ländern funktionieren, gibt es auf der Seite »Deutschland per Rad entdecken« vom ADFC nachzulesen: www.adfc.de/deutschland/alle-routen/uebersicht-aller-routen-aus-deutschland-per-rad-entdecken.

Die Unterkünfte bei einer Fahrrad- oder Wanderreise kann man im Voraus planen, was die Flexibilität bei der Reise einschränkt, will man doch ab und an einen Ort noch etwas ausführlicher erkunden oder wegen schlechten Wetters länger bleiben. Alternativ kann man auch spontan jeden Abend eine Unterkunft suchen – mit höherem Risiko, aber mehr Flexibilität und Abenteuer. Als Unterkünfte auf solchen Reisen bieten sich Jugendherbergen und Naturfreundehäuser an, die es beide in vielen Orten gibt. Entlang von beliebten Wanderrouten gibt es auch oft günstige Unterkünfte am Beginn und Ende der Tagesetappen. Und für besonders fahrradfreundliche Gastbetriebe, die beispielsweise sichere Fahrradabstellmöglichkeiten bieten und auf einzelne Übernachtungen eingerichtet sind, verleiht der ADFC Unterkünften das Label »Bett & Bike«. Die so zertifizierten Unterkünfte, die sich häufig an den beliebten Fahrradrouten finden, sind über die Website www.bettundbike.de oder die entsprechende App für das Smartphone leicht auffindbar; es gibt auch ein jährlich aktualisiertes gedrucktes Buch.

Autofreie Urlaubsorte

Manche wollen nicht nur autofrei reisen, sondern auch am Urlaubsort selbst keine Autos sehen. Für die Erholung wünschen sich viele Menschen ganz besonders die Abwesenheit von Lärm und Abgasen. Eine entsprechende Auswahl des Urlaubsorts kann einige Wochen ganz ohne Auto ermöglichen – wofür es auf Inseln und in den Alpen die besten Möglichkeiten gibt.

Einige Ideen für autofreie Urlaubsorte und -regionen:

- Die meisten ostfriesischen Inseln sind komplett autofrei: Juist, Baltrum, Langeoog, Spiekeroog und Wangerooge; ebenso Neuwerk und die Hochseeinsel Helgoland
- Auch auf den nordfriesischen Halligen sind nur wenige Autos anzutreffen; nur die beiden größten Halligen Langeneß und Hooge haben überhaupt Straßen, auf denen jedoch auch nur wenig Autoverkehr herrscht, da die meisten Urlaubsgäste das Auto am Festland stehen lassen (www.halligen.de).
- In der Ostsee ist die Insel Hiddensee komplett autofrei.
- In der Schweiz gibt es neun explizit autofreie Tourismusorte: Braunwald, Bettmeralp, Mürren, Riederalp, Rigi, Saas-Fee, Stoos, Wengen und Zermatt (www.auto-frei.ch/index.php/de/gastortschaften)
- Auch Österreich besitzt mehrere autofreie Urlaubsorte: Serfaus (mit der berühmten »Dorf-U-Bahn« als Alternative zum Auto), Lech am Arlberg, Saalbach, Hinterglemm und Ischgl (nur im Winter autofrei).
- Auch in Bayern gibt es mehrere Orten mit autofreien Innenstädten, allen voran Oberstdorf (www.iakf.de = Interessengemeinschaft der autofreien Kur- und Ferienorte)
- In den französischen Alpen sind die Ferienorte Valmorel, Les Coches und Val Thorens überwiegend autofrei, ebenso Avoriaz in den Savoyen. Auch mehrere Inseln (u. a. Île de Sein, Île de Bréhat, Île de Hoedic, Île de Houat, Île de Batz, Île-Molène in der Bretagne, das gesamte Archipel du Frioul nahe Marseille, der berühmte Mont Saint-Michel und die Île-d'Aix).
- In den italienischen Alpen (Südtirol) gibt es den fast-autofreien Ort Pfelders, in dem die Touristen die Autos draußen stehenlassen müssen und dann mit dem Dorfexpress weiter transportiert werden.

- Ebenfalls in Italien ist die Region Cinqueterre, bestehend aus fünf Orten direkt an der Mittelmeerküste und in einem Nationalpark, fast komplett autofrei und am besten über die Bahn zu erreichen (www.5terre.de)
- Venedig ist ebenfalls eine komplett autofreie Stadt, die bekanntlich stattdessen auf den Transport auf dem Wasser setzt.

Pauschalreisen

Nicht jeder möchte seinen Urlaub jedoch selbst organisieren, sondern auch Pauschalangebote haben ihren Charme. Auch dafür gibt es spezialisierte Anbieter, die auf die ökologischen Belange besonderen Wert legen. Die meisten dieser Veranstalter sind im »Forum anders Reisen« zusammengeschlossen und bieten auf der Website www.forumandersreisen.de einen gemeinsamen Überblick über die Reiseziele. Wie ökologisch die dabei auch angebotenen Flugreisen zu ferneren Zielen – wenn auch überwiegend mit Kompensation des CO_2-Ausstoßes – sind, ist generell ein diskussionswürdiges Thema. Zumindest bemühen sich die Anbieter aber, auf möglichst vielen Ebenen ökologische und soziale Standards umzusetzen.

Weiterlesen:

Überblick:

Überblickskarten mitsamt öffentlichem Verkehr, Radwegen und Fußwegen im Internet: www.openstreetmap.org, www.opencyclemap.org, maps.google.de

Überblick über die Erreichbarkeit mit der Bahn bietet »Open Railway Map«: www. openrailwaymap.org/

Bahn:

Bahnreisen innerhalb Deutschlands kann man am einfachsten über www.bahn.de buchen, in Österreich über www.oebb.at und in der Schweiz über www.sbb.ch – oder jeweils über die zugehörige Smartphone-App, mit der auch Last-Minute-Buchungen problemlos möglich sind (ein QR-Code in der App dient dann als Ticket).

Für grenzüberschreitende Bahnverbindungen in ganz Europa hat »Captain Train« ein sehr übersichtliches Buchungssystem entwickelt, das Tickets in unterschiedlichen Ländern zu günstigen Preisen anbietet: www.captaintrain.com/ – ebenfalls als App für das Smartphone/Tablet erhältlich.

Einen guten Überblick über europäische Zugverbindungen bietet außerdem der VCS: www.verkehrsclub.ch/reisen/europa-mit-dem-zug

Besonders für kompliziertere grenzüberschreitende Reisen mit und ohne Nachtzüge sind spezialisierte Bahn-Reisebüros oft die besten Ansprechpartner. Sie beraten, buchen Tickets direkt (meistens ohne Aufpreis) und bieten auch Pauschalreisen mit Bahn und Unterkunft an – entweder direkt vor Ort oder auch telefonisch. Ein Überblick der Bahnagenturen in Deutschland findet sich hier: www.die-bahnprofis.de

Das Unternehmen Müller Touristik (www.mueller-touristik.de) bietet Urlaubsreisen und Reisen zu Festen per Bahn sowie Sonderzüge an. Im Winter fährt der »Schnee Express« (www.schnee-express.com) als Nachtzug von vielen deutschen Städten direkt in die Wintersportgebiete nach Tirol und ins Salzburger Land.

Den Gepäcktransport von Tür zu Tür bieten die jeweiligen Bahnen der Länder an: www.bahn.de/p/view/angebot/gepaeck/gepaeck.shtml, www.sbb.ch/bahnhof-services/ dienstleistungen/reise-und-fluggepaeck. Alternativ können Gepäckstücke auch mit den meisten Paketanbietern verschickt werden.

Für die Suche nach Fernbusreisen – und auch Bahnreisen im Vergleich – gibt es mehrere Vergleichsportale, u. a.: www.fernbusse.de; www.busliniensuche.de; www.checkmybus. de; www.moovel.com/de, www.quixxit.de.

Das Netzwerk »Back on Track« engagiert sich für die grenzüberschreitenden Zugverbindungen und insbesondere die Nachtzüge: www.back-on-track.eu

Urlaubsorte:

Für die Schweiz hat der Verkehrsclub Schweiz schöne und schonende Urlaubsziele zusammengestellt: www.verkehrsclub.ch/reisen/ausfluege

Speziell für den Wintersport gibt es die »Alpine Pearls« für den »Urlaub im Einklang mit der Natur«: www.alpine-pearls.com

Autofreie Urlaube in Österreich: www.austria.info/de/service-fakten/reiseplanung/ autofrei-reisen-in-osterreich

In der Schweiz gibt es die Gemeinschaft autofreier Tourismusorte: www.auto-frei.ch

Die europäische Initiative zur Sanften Mobilität im Tourismus hat es sich zum Ziel gesetzt, schonendes Reisen zu etablieren und entsprechende Orte miteinander zu vernetzen: www.soft-mobility.com

Buch zu autofreien Urlaubsorten in der Schweiz: Andreas Schwander: Reisen zu autofreien Orten in der Schweiz. Basel (Reinhardt Media-Service) 2005 (ISBN 978-3724512837).

... in Italien: Stefan & Sumeeta Hasenbichler, Gerald Majer, Claudia Willner: Italien – autofreie Urlaubsorte. Frankfurt/Main (Peter Meyer Verlag) 2009 (ISBN 978-3898591522).

... und in Kroatien: Stefan Hasenbichler und Gerald Majer: Kroatien – autofreie Urlaubsorte. Books on Demand 2014 (ISBN 978-3735769398)

Fahrradreisen:

Für Fahrradreisen ist das Radreise-Wiki eine gute Ressource: radreise-wiki.de/Hauptseite

Hilfreiche Informationen findet man auch auf dem Portal www.rad-reise-service.de/

Der Radtouren-Atlas des European Cycling Project bietet Informationen zu Radtouren in ganz Europa: www.radtouren-atlas.de. Die »Premium-Radwege« sind auch offline als Buch erhältlich (Peter Günther, Atlas der Premium-Radwege (2 Bände); CreateSpace Independent Publishing Platform 2014/2016).

Fahrradrouten für Fern-Touren quer durch Deutschland: www.radweit.de; www.radnetz-deutschland.de. Und in Europa: www.radrouten-planer.eu/ (als deutsche Übersetzung einer niederländischen Seite)

Fahrradrouten in Österreich: www.radtouren.at; www.fahr-radwege.com; www.rad-reise-service.de/radwege-oesterreich.html. Auch lokale Radwege finden sich in einem Unterprojekt von OpenStreetMap: http://wiki.openstreetmap.org/wiki/WikiProject_Austria/Radwege

Routen in der Schweiz sind bei »Veloland Schweiz« zu finden: www.veloland.ch

Für Unterkünfte, die sich auf Fahrradfahrende spezialisiert haben, gibt es das ADFC-Label »Bett & Bike« und eine Übersicht hier: www.bettundbike.de Die Betriebe lassen sich auch über das gedruckte Gesamtverzeichnis (7,95 Euro, Verlag Grünes Herz) oder die App für das Smartphone (für Android & iPhone verfügbar) finden.

Buchtipp für autofreie Radtouren: Bernhard Irlinger: Abseits des Trubels – Radeln auf autofreien Wegen. München (Bruckmann Verlag) 2015 (ISBN 978-3765489624)

Pauschalreisen:

Die Reiseanbieter für nachhaltigen Tourismus sind im »Forum Anders Reisen« zusammengeschlossen: www.forumandersreisen.de.

Es gibt verschiedene Reiseanbieter, die sich auf ökologische Reisen spezialisiert haben (ohne Anspruch auf Vollständigkeit): www.vertraeglich-reisen.de, www.natours.de, www.eco-reisen.de, www.vcd.org/themen/tourismus/fahrtziel-natur (Kooperation der Deutschen Bahn AG mit Umweltverbänden). Viele kleinere Anbieter sind auf Reisen in bestimmte Regionen spezialisiert.

www.renatour.de ist spezialisiert auf Familienreisen.

Auf Wanderreisen hat sich www.wanderkompass.de spezialisiert.

Fahrradreisen findet man auf www.rad-reise-service.de.

2.6. Geschäftsreisen

»Weil die Zeit drängt, müssen wir langsamer werden.«
Helmut Holzapfel (Mobilitätsforscher)

Viele Menschen sind viel beruflich unterwegs, manche sogar mehrmals pro Woche über weite Entfernungen. Bei Geschäftsreisen bestimmt man die Art der Reise und den Reiseweg häufig nicht selbst. Umso schwieriger ist es daher bei solchen Reisen, ökologische Gesichtspunkte miteinfließen zu lassen.

Die meisten Arbeitgeber verfügen eine Reiserichtlinie. In dieser ist geregelt, wie Reisen durchgeführt und abgerechnet werden. In solchen Reiserichtlinien ist z. B. häufig festgelegt, dass Strecken einer bestimmten Entfernung mit dem Auto oder dem Flugzeug zurückzulegen sind. Gründe dafür sind unter anderem Dienstwagen des Unternehmens oder Verträge mit Fluglinien. Wenn man etwas im Bereich Dienstreisen verändern will, muss man dieser Reiserichtlinie und der konkreten Organisation von Reisen durch die entsprechende Verwaltung ansetzen. Die Möglichkeit zur Einflussnahme auf den Arbeitgeber, um diese zu verändern, hängt selbstverständlich auch stark von der Kultur des Unternehmens ab. Es kann aber durchaus einen Versuch wert sein, zumal die meisten Unternehmen inzwischen gerne ihr ökologisches Engagement nach außen darstellen– dabei mag auch die Abwicklung von Reisen ein wichtiger Punkt sein. Viele gute Ideen, wie eine schonende Reiserichtlinie aussehen sollte, finden sich in einer Broschüre des VCD, die im Auftrag des deutschen Bundesumweltministeriums und des Umweltbundesamtes zustande gekommen ist.[42]

Eine grundsätzliche ökologische und Auto-vermeidende Gestaltung der Reiserichtlinie wäre der Königsweg, doch auch bei einer nicht entsprechend ausgerichteten Reiserichtlinie gibt es durchaus Möglichkeiten für eigene Schwerpunktsetzungen, wenn man sich darum kümmert.

Vermeidung von Reisen

Die schonendste Reise ist natürlich immer die, die gar nicht erst stattfindet. An erster Stelle sollte daher immer die Frage stehen, ob eine Reise wirklich notwendig oder vielleicht doch verzichtbar ist. Eine Möglichkeit für eine Reduktion von Reisen kann der Ersatz von physischen Treffen durch Video- oder Telefonkonferenzen sein. Die Besprechung muss nicht weniger effektiv sein, wenn die Teilnehmenden in unterschiedlichen Konferenzräumen sitzen, und der Verzicht auf die Reise spart nebenbei auch eine Menge Zeit.

Eine andere Möglichkeit zur Reduktion von Reisen ist das Verbinden mehrerer Reisen: Eine Konferenz und ein Kundenbesuch oder ein Treffen mit einem Lieferanten lassen sich mit etwas zeitlicher Flexibilität möglicherweise zu einer Reise zusammenlegen. Die Verbindung mit Privatreisen wird in manchen Reiserichtlinien explizit untersagt oder führt zumindest zur Verlagerung aller Kosten auf die Arbeitnehmer. Aber auch solche Kombinationen sollten kein Tabu sein, denn wer einen Besuch oder einen Kurzurlaub mit der Geschäftsreise verbindet, vermeidet ebenfalls Fahrten.

Ökologische Verkehrsmittel

Bei vielen Geschäftsreisen wird – je nach Entfernung – fast automatisch auf das Flugzeug oder auf das Auto gesetzt. Das ist aber nicht immer zwingend, denn auch mit der Bahn und dem sonstigen öffentlichen Verkehr lassen sich viele Ziele gut erreichen – und diese Verkehrsmittel schonen das Klima und sparen Zeit. Nicht nur die reine Reisezeit sollte das entscheidende Kriterium sein, sondern die tatsächlich nutzbare Zeit. Und hier hat der öffentliche Verkehr spätestens seit der Verbreitung von Laptops, Handys und mobilem Internet vorgelegt, da fast die gesamte Reisezeit auch nutzbare Zeit ist. In der Bahn wird überdies die Verfügbarkeit von WLAN immer besser. Im Auto verbringt man die Reisezeit dagegen vollständig mit dem Lenken, und im Falle eines Fluges geht trotz der auf den ersten Blick geringeren Flugzeit viel Zeit mit der Anreise zum Flughafen, dem Warten, dem Einchecken und den Sicherheitskontrollen verloren – von dem damit verbundenen Stress ganz abgesehen.

Bei wichtigen Terminen sollte man bei einer Bahnreise zumindest in Deutschland jedoch immer etwas Luft einplanen, da Verspätungen leider keine Seltenheit sind. In der Schweiz sind die Standards hierfür sehr viel höher; bei Verspätungen oder technischen Pannen werden schnell Ersatzzüge zur Verfügung gestellt oder Busse als Ersatzverkehr eingesetzt. Eine solche Zuverlässigkeit des öffentlichen Verkehrs ist im nördlichen Nachbarland leider bislang noch Zukunftsmusik. Aber auch bei einer Reise mit dem Auto oder mit dem Flugzeug müsste man einen zeitlichen Puffer einplanen, denn Staus oder verspätete und ausfallende Flüge sind ebenfalls keine Seltenheit.

Für Reisen zu Konferenzen oder Geschäftsterminen in den großen Metropolen sind die »ICE-Sprinter« eine komfortable Möglichkeit: Zu den passenden Zeiten morgens und abends fahren diese Züge ohne Zwischenstopps beispielsweise zwischen Hamburg und Köln, zwischen Berlin und Frankfurt/Mannheim/Stuttgart, zwischen Hamburg und Frankfurt und zwischen Köln und Frankfurt sowie ab 2017 zwischen Berlin und München (jeweils in beiden Richtungen). Sie sind nochmals deutlich schneller und ermöglichen durch die Fahrt ohne Zwischenhalte ein besonders entspanntes Reisen.[43] Bei gemeinsamen Treffen von Menschen, die aus verschiedenen Richtungen anreisen, ist es eine gute Idee, sich an die Ankunftszeiten dieser und anderer Züge anzupassen. So lässt sich alleine durch die Organisation des Treffens die An- und Abreise mit der Bahn besonders attraktiv gestalten.

Anschlussfahrten

Nicht alle Ziele liegen in der Nähe eines Bahnhofs oder sind von dort einfach mit dem öffentlichen Nahverkehr erreichbar. Das muss aber nicht heißen, dass das Zurücklegen der langen Strecke mit der Bahn unmöglich wäre: Entweder man reist am Zielort mit dem Taxi weiter, oder man greift auf ein Fahrrad zurück. An fast allen größeren Bahnhöfen sind inzwischen Mieträder verfügbar. In Deutschland können an vielen Bahnhöfen »Call a Bike«-Fahrräder (www.callabike.de) von der Deutschen Bahn AG oder Leihräder von Nextbike (www.nextbike.de) ausgeliehen werden; in vielen Städten gibt es überdies noch lokale Verleihsysteme. Auch in der

Schweiz existieren an vielen Orten Leihfahrräder bzw. Mietvelos direkt an den Bahnhöfen.

Besonders für längere Fahrten ist das eigene Fahrrad oft bequemer und hat den Vorteil, dass es nach dem Ausstieg aus dem Zug sofort verfügbar ist. Dafür ist aber die Mitnahme im Zug beschwerlicher und kostet zusätzlich Geld für eine Fahrradkarte. Ein Faltrad kann hierfür eine gute Alternative sein, denn es kann als normales Gepäckstück – ohne Aufpreis – sogar im ICE mitgenommen werden. Es gibt inzwischen sehr moderne und funktionale Falträder mit hervorragender Technik – die jedoch auch ihren Preis haben. Für Menschen, die häufig unkompliziert ein Fahrrad in der Bahn mitnehmen möchten, stellen sie aber eine lohnende Anschaffung dar.

Und wenn ein Fahrrad für die Strecke, die man vom Bahnhof noch zurücklegen muss, nicht geeignet ist? An vielen Bahnhöfen gibt es auch Carsharing-Stationen, so dass man ein Auto für die Weiterreise leihen kann. In Deutschland hat die DB AG an über 100 Bahnhöfen eigene »Flinkster«-Autos (www.flinkster.de), für die sich BahnCard-Kunden sogar kostenfrei anmelden können. In Österreich gibt es eine Kooperation der ÖBB mit Zipcar Carsharing – auch hier mit Vergünstigungen für Bahnfahrende mit Vorteilscard[44]. Und in der Schweiz gibt es ein Modell mit dem genossenschaftlichen Mobility Carsharing, für das es ebenfalls Vorteile für Bahnfahrende mit Halbtax-Ticket, Jahresstreckenabo oder Verbund-Abo gibt.[45]

Dienstwagen

Sowohl für Geschäftsreisen als auch für die private Nutzung gewähren viele Unternehmen ihren Mitarbeiterinnen und Mitarbeitern Dienstwagen – auch als Teil der Entlohnung. Häufig werden sogar alle Kosten inklusive Benzin oder Diesel von den Firmen übernommen, und das Auto kann unbegrenzt privat genutzt werden. Schuld an dieser sehr weiten Verbreitung von Dienstwagen auch dort, wo ein Auto gar nicht für die Arbeit notwendig ist, ist in Deutschland das sogenannte Dienstwagenprivileg: Das Auto muss von der Arbeitnehmerin oder dem Arbeitnehmer nur pauschal mit einem Prozent des Werts pro Jahr versteuert werden – ein lächerlicher Betrag, der nur Sinn machen würde, wenn sich das über die Lebensdauer des Autos auf 100% addieren würde. Die wenigsten Autos werden aber 100 Jahre alt werden, was im Umkehrschluss heißt: Der Staat verzichtet auf einen erheblichen Teil seiner Steuern. Auch in Österreich gibt es eine ähnliche Regelung; auch dort wird der »Sachbezug« eines Autos steuerlich viel zu niedrig bewertet. So ist der Dienstwagen meist steuerlich sehr viel günstiger als die Auszahlung eines entsprechend höheren Lohnes, der mit der vollen Lohnsteuer belegt wäre (weitere Details zum Dienstwagenprivileg finden sich in Kapitel 3.1). In vielen Unternehmen sind Dienstwagen überdies zu einem Statussymbol geworden: Wer das größte und teuerste Auto von der Firma erhält, drückt damit seinen Status in der internen Hierarchie aus. Das schafft einen Anreiz für den Kauf großer und leistungsstarker Autos, die besonders klima- und umweltschädlich sind.

Auf eine solche Art von Statuswettbewerb muss man sich allerdings nicht einlassen: Jede Mitarbeiterin und jeder Mitarbeiter kann das Auto als Bonus des Unternehmens auch ablehnen – und stattdessen beispielsweise ein Dienstfahrrad oder Dienst-Pedelec wählen. Denn seit einigen Jahren gilt in Deutschland das Dienstwagenprivileg mit den steuerlichen Vorteilen ebenso für Fahrräder, E-Bikes und Pedelecs. Manche progressive Unternehmen bauen sogar schon eigene Dienstfahrradflotten für Strecken im Nahbereich auf. Alternativ kann man mit dem Unternehmen auch verhandeln, ob nicht auch ein Ticket für den öffentlichen Nahverkehr oder für die Bahn eine ökologischere Alternative zum Dienstwagen wäre, auch wenn diese Tickets leider nicht die gleichen steuerlichen Vorteile genießen wie das Auto und die Zweiräder.

Wenn ein Auto wirklich unbedingt für den Beruf benötigt wird, dann kann man zumindest versuchen, ein möglichst kleines und sparsames zu bekommen. Bei der Auswahl eines solchen Autos ist die jährlich herausgegebene »Auto-Umwelt-Liste« des VCD eine hervorragende Orientierungshilfe: www.vcd.org/themen/auto-umwelt/vcd-auto-umweltliste. Die Liste wird nach wissenschaftlichen und nachvollziehbaren Kriterien zusammengestellt, die vom IFEU-Institut erarbeitet wurden, und sie berücksichtigt sowohl die Belastung des Klimas als auch der Natur und der Menschen (durch Lärm und Schadstoffe).

Weiterlesen:

Ratgeber des VCD zu umweltverträglichen Geschäftsreisen: www.vcd.org/fileadmin/ user_upload/Redaktion/Publikationsdatenbank/Tourismus/VCD_Leitfaden_Geschaeftsreisen_2008.pdf

Studie zu Geschäftsreisen mit Handlungsempfehlungen für nachhaltiges Reisen: https:// www.tuv.com/media/germany/50_trainingandconsulting/pdf/csr_1/Geschaeftsreise_Studie.pdf

Mieträder für die kurzzeitige Nutzung in vielen Städten: www.nextbike.de, www.nextbike.at, www.nextbike.ch; www.callabike.de (nur in Deutschland).

Auf das Leasing von Diensträdern haben sich bereits einige Firmen spezialisiert: www.jobrad.org; dienstrad-partner.de; www.leasing-ebike.de

Für die richtige Wahl eines möglichst ökologischen Autos für die eigenen Zwecke gibt es die Auto-Kaufberatung zur VCD-Umweltliste: www.besser-autokaufen.de.

2.7. Autofreies Leben ist möglich!

»Anstatt das Automobil immer weiter zu entwickeln, sollten wir uns überlegen, wie wir Mobilität in Zukunft anders gestalten.«
Hans-Peter Dürr (ehem. Direktor des Max-Planck-Instituts für Physik in München)

Dieses Kapitel hat Möglichkeiten und Ideen aufgezeigt, wie man die eigene Mobilität so gestalten kann, dass das Auto darin nur noch eine geringe – oder sogar gar keine – Rolle spielt. Dabei sind die Vorschläge sicherlich noch nicht vollständig, zumal sich unser Mobilitätssystem gerade in einem rapiden Wandel befindet und sich damit neue Möglichkeiten ergeben – ganz besonders durch die Digitalisierung. Schon jetzt ist das multimodale Leben durch Smartphones und Tablets mit mobilem Internet, über die man jederzeit aktuelle Informationen zur Verfügung hat, Tickets buchen und Fahrräder oder Autos mieten kann, enorm vereinfacht worden.

All diese Vorschläge sollten aber nicht als Patentrezepte missverstanden werden, die auf jede und jeden passen, sondern als das, was sie sind: Vorschläge. Was im eigenen Leben praktisch umsetzbar ist, muss jeder selbst für sich herausfinden und entscheiden. Niemand wird alles umsetzen können. Aber wer seine Mobilität bewusster gestaltet, betreibt damit immer auch ein bisschen Vorbildwirkung für andere. Sie oder er zeigt, dass es möglich ist, anders mobil zu sein, und dass damit nicht immer nur ein Verlust, sondern oft auch ein Gewinn an Lebensqualität einhergeht. Darüber zu reden ist gut – aber möglichst nicht mit erhobenem Zeigefinger sondern als jemand, die oder der selbst ausprobiert, dabei Erfahrungen macht und lernt. Das macht vielleicht auch anderen Menschen im Umfeld Lust zum Ausprobieren und ist ein kleiner Beitrag zum Bröckeln der Vorherrschaft des Autos.

Einige der Vorschläge sind nur längerfristig umsetzbar – besonders wenn es um grundsätzliche Lebensentscheidungen wie Wohnort und Arbeitsstelle geht. Aber es lohnt sich, die Fragen im Auge zu behalten und dann aufzuwerfen, wenn ein neuer Lebensabschnitt ansteht – z. B. ein Umzug, ein Berufswechsel oder wenn die Kinder erwachsen sind und ausziehen, so dass man über eine Verkleinerung der Wohnverhältnisse und eine Neuorganisation des Lebens nachdenken kann.

Für offene Fragen kann auch der Austausch mit Gleichgesinnten hilfreich sein. Viele Adressen von Verbänden und Foren, die sich mit autofreiem Leben und einer anderen Mobilität befassen, sind unten zu finden.

Weiterlesen:

Verband »Autofrei Leben« (Deutschland): www.autofrei.de

Club der Autofreien (Schweiz): www.verkehrsclub.ch/unsere-themen/autofrei-leben/

Diskussionsliste zum Austausch von Informationen bei »Autofrei leben!«: www.autofrei.de/ueber-uns/autofreie-im-internet/2-uncategorised/86-mailingliste-forum

Internationales autofreies Netzwerk (englischsprachig) – World Carfree Network: www.worldcarfree.net. Auf der Website ist auch der Eintrag zu einem Newsletter (ebenfalls englischsprachig) möglich, der über Neuigkeiten zum autofreien Leben informiert.

Carbusters – Zeitschrift (online und offline) für autofreies Leben: carbusters.org

Mobilogisch! – Zeitschrift für Ökologie, Politik und Bewegung mit dem Schwerpunkt Mobilität: www.mobilogisch.de

Verbände und Netzwerke, die sich für eine andere Mobilität im grundsätzlicheren Sinne einsetzen: www.umkehr.de; www.umverkehr.ch; www.vcd.org; www.vcoe.at; www.verkehrsclub.ch; www.fuss-ev.de; www.bahn-fuer-alle.de; www.solimob.de; www.verkehr-mit-sinn.org; www.alpeninitiative.ch.

3. Warum eine andere Mobilität nicht nur individuell möglich ist

»Ob eine Stadt zivilisiert ist, hängt nicht von der Zahl ihrer Schnellstraßen ab, sondern davon, ob ein Kind auf einem Rad überall unbeschwert hinkommt.«
Enrique Peñalosa (Bürgermeister von Bogotá)

Im vorangegangenen Kapitel wurde ausführlich dargestellt, wie wir jetzt und hier unser eigenes Mobilitätsverhalten verändern können – vor allem, indem das Auto eine geringere Rolle für unsere Mobilität spielt oder indem wir komplett darauf verzichten. Die persönliche Verhaltensänderung ist ein wichtiger Schritt. Damit beginnt eine Änderung auf höherer Ebene. Aber es wird nur eine Minderheit dabei mitmachen, solange die politischen Rahmenbedingungen so sind, dass genau dieses Verhalten eben nicht begünstigt, sondern sogar vielfach behindert wird. Noch immer ist in der Verkehrspolitik das Auto das Maß aller Dinge, an zweiter Stelle folgt das Flugzeug – und mit weitem Abstand dahinter Bahn und öffentlicher Nahverkehr. Von Fuß- und Fahrradverkehr oder gar Verkehrsvermeidung haben viele Verkehrspolitiker anscheinend noch kaum etwas gehört. Und genau so sind auch die Anreizregelungen beschaffen: sei es die Dieselsteuerbefreiung, das Dienstwagenprivileg, die Kerosinsteuerbefreiung oder die Investitionspolitik im Verkehrsbereich; viele Regelungen begünstigen gerade die Arten von Verkehr, die die größten ökologischen und sozialen Schäden verursachen.

In diesem Kapitel soll es darum gehen, was politisch verändert werden muss, um nicht länger das umwelt- und sozialschädliche Verhalten zu fördern, sondern umgekehrt das Verhalten attraktiv zu machen, das im Hinblick auf die ökologische und soziale Nachhaltigkeit eigentlich wünschenswert wäre. Oder kurz gesagt: um die Entscheidung für das, was in diesem Buch skizziert wurde, sehr viel einfacher zu machen. Dafür müssten viele politische Entscheidungen völlig anders getroffen werden als dies bisher geschah. Viele der Forderungen für eine bessere Verkehrspolitik können unter dem Begriff »Kostenwahrheit« zusammengefasst werden. Dabei geht es zum einen um direkte Subventionen im Verkehrsbereich und zum anderen um indirekte Subventionen dadurch, dass entstehende Kosten nicht dort anfallen und bezahlt werden, wo sie eigentlich entstehen.

3.1. Subventionen

»Es geht nicht um einen Kampf für oder gegen das Auto, sondern es geht um einen Kampf für die Freiheit des Menschen aus der Diktatur von Fahrmaschinen.«
Hermann Knoflacher (Verkehrswissenschaftler) im Buch »Stehzeuge«

Das Umweltbundesamt berechnete, dass die umweltschädlichen Subventionen, die alleine die Bundesebene in Deutschland direkt leistet, über 52 Milliarden Euro pro Jahr betragen; für Österreich hat das Wifo rund 4 Milliarden Euro errechnet. Der Bereich Verkehr alleine macht knapp die Hälfte davon aus. Dies stellt eine eher vorsichtige Berechnung dar; andere Einschätzungen liegen noch deutlich höher.

Sektor	Deutschland	Österreich
Energiesteuervergünstigung für Dieselkraftstoff	7.050 Mio. €	640 Mio. €
Förderung für Bio-/Agrokraftstoffe	1.022 Mio. €	Nicht bekannt
Entfernungspauschale / Pendlerpauschale	5.000 Mio. €	560 Mio. €
Pauschale Besteuerung privat genutzter Dienstwagen	mind. 500 Mio. €	225 - 420 Mio. €
Energiesteuerbefreiung des Kerosins	6.915 Mio. €	330 Mio. €
Mehrwertsteuerbefreiung für internationale Flüge	3.490 Mio. €	185 Mio. €
Energiesteuerbefreiung der Binnenschifffahrt	166 Mio. €	10 Mio. €

Tabelle 1: Direkte Subventionierung des Verkehrs in Deutschland und Österreich (Stand 2014)[46]

An erster Stelle bei den Subventionen stehen die Steuervergünstigungen für Dieselkraftstoff. Es ist nicht nachvollziehbar, weshalb ein Kraftstoff mit enormen schädlichen Emissionen – trotz gewisser Fortschritte in der Filtertechnologie – auch noch von der öffentlichen Hand gefördert wird. Dementsprechend fordert auch das Umweltbundesamt inzwischen ganz klar eine Abschaffung dieses Dieselsteuerprivilegs, was von der – sehr Autoindustrie-freundlichen – deutschen Bundesregierung abgelehnt wird. Ähnlich sieht es mit der Förderung für Agrokraftstoffe aus, immerhin auch über eine Milliarde Euro in jedem Jahr. Es ist kaum zu erklären, warum diese Technologie mit mehr als fragwürdigem Nutzen für das Klima (zur Kritik siehe Kapitel 1.1) mit riesigen Geldbeträgen unterstützt wird.

Die Entfernungspauschale – auch Pendlerpauschale genannt – ist eine weitere milliardenschwere umweltschädliche Subvention, die ebenfalls überwiegend dem Autoverkehr zugutekommt. Diese Entfernungspauschale wirkt sich deswegen umweltschädlich aus, weil dadurch ein Anreiz geschaffen wird, weit weg vom Arbeitsplatz zu wohnen – denn die Kosten für die Pendlerwege bekommt man ja zu einem erheblichen Teil über eine Minderung der Steuerlast zurückerstattet. Damit fördert die Entfernungspauschale ein Wachstum des Verkehrs, den anhaltenden Trend zu langen Arbeitswegen und die Zersiedlung der Landschaft. Auch die Förderung von privatem Bauen durch den Staat – z. B. durch die Eigenheimzulage in Höhe von 4,8 Milliarden Euro und die – langsam auslaufende – Bausparförderung von über 500 Millionen Euro pro Jahr (beide Zahlen für Deutschland) trägt zusätzlich zu dieser Zersiedlung bei. Um den Verkehr und die immer weiter voranschreitende Flächenversiegelung zu reduzieren, müsste man eigentlich eher den umgekehrten Weg gehen: Da das Wohnen nahe am Arbeitsplatz, insbesondere in größeren Städten, sich oft deutlich teurer gestaltet als weiter weg im Umland, müsste man eher dies fördern statt wie bisher das Gegenteil.

Die Pauschalbesteuerung privat genutzter Dienstwagen mit lediglich 1 Prozent stellt eine weitere millionenschwere Subvention dar. Dieses »Dienstwagenprivileg« schafft für die Arbeitgeber einen Anreiz, ihren Arbeitnehmern einen Teil des Gehalts in Form eines – oft großen und verbrauchsintensiven – Dienstwagens auszuzahlen. Das wiederum fördert die Nutzung des Autos als Verkehrsmittel und damit den Straßenverkehr – ganz besonders, wenn der Arbeitgeber vielfach auch noch die Betriebskosten übernimmt.[47] Selbst Unternehmen wie die Deutsche Bahn AG, die Mobilitätsalternativen zum Auto anbieten, halten Dienstwagen für ihre Mitarbeiterinnen und Mitarbeiter für unverzichtbar. Gerade sie sollten sich aber eigentlich für weniger autofixierte Arbeitnehmer attraktiv machen, die stattdessen eine Begeisterung für den öffentlichen Verkehr mitbringen – und sich beispielsweise mit der Möglichkeit für unbegrenzte Bahn-Mobilität (BahnCard 100 / Generalabonnement) locken lassen. Interessanterweise muss im Gegensatz zu dem mit pauschal 1 Prozent besteuerten Dienstwagen die Jahresnetzkarte BahnCard 100, die ein umweltbewusster Arbeitgeber seinen Angestellten als Alternative zum Dienstwagen zur Verfügung stellen könnte, in voller Höhe (4.090 Euro pro Jahr in der 2. Klasse, 6.890 Euro in der 1. Klasse) als geldwerter Vorteil versteuert werden. Erst ab einem Kaufpreis von 410.000 Euro bzw. 690.000 Euro würden für einen Dienstwagen folglich in gleicher Höhe Steuern anfallen wie für die BahnCard 100 – ein absurdes Missverhältnis. Stattdessen sollten Dienstwagen generell und ganz besonders bei privater Nutzung mindestens wie normale Autos besteuert werden. Außerdem sollte die Besteuerung im Sinne des Klimas und der Umwelt generell nach den Kohlendioxidemissionen differenziert werden. Mit einem solchen Modell machte man beispielsweise in Großbritannien gute Erfahrungen, wo eine bereits 2002 eingeführte Staffelung der Besteuerung für privat genutzt Dienstwagen zu einer deutlichen Senkung ihrer Emissionen führte. In der Schweiz spielen Dienstwagen dagegen kaum eine Rolle. Selbst für die gesamte Schweizer Bundesregierung gibt es angeblich gerade einmal drei Fahrzeuge, während in Deutschland und in Österreich jede Spitzenpolitikerin und jeder Spitzenpolitiker über eine große Limousine samt Fahrer verfügt. Dass in der Schweiz stattdessen der öffentliche Verkehr in sämtlichen Gesellschaftsschichten eine sehr viel größere Rolle spielt, dürfte vor allem mit dem Fehlen einer Schweizer Autoindustrie und damit einer schlagkräftigen Autolobby zusammenhängen.

Der zweitgrößte Posten der umweltschädlichen Subventionen betrifft die Energiesteuerbefreiung des Kerosins. Damit wird der größte wirtschaftliche und ökologische Nachteil des Flugverkehrs, sein erheblicher Energieverbrauch, vom Staat mit vielen Milliarden Euro jedes Jahr ausgeglichen – was weder aus Sicht des Klimas und der Umwelt noch wirtschaftlich Sinn macht. Dies ist eine immense Subventionierung des umweltschädlichen Flugverkehrs, die durch die Einnahmen der Luftverkehrssteuer (in Deutschland) bzw. der Flugabgabe (in Österreich) von nicht einmal einer Milliarde Euro pro Jahr nur zu einem geringen Teil wieder ausgeglichen wird – auch wenn die Luftverkehrslobby gerne das Gegenteil behauptet. Eine weitere enorme Subventionierung für den Flugverkehr stellt die Mehrwertsteuerbefreiung für internationale Flüge dar, womit der Flugverkehr nicht nur der umweltschädlichste sondern bezogen auf das Verkehrsaufkommen auch noch der höchstsubventionierte Verkehrsträger ist. Absurd ist im Vergleich dazu, dass auf grenzüberschreitende Bahntickets volle 19 Prozent Mehrwertsteuer erhoben werden, womit das umwelt- und klimafreundlichere Verkehrsmittel gegenüber dem schädlichsten Verkehrsmittel massiv benachteiligt wird.

Zu dieser direkten Subventionierung des Verkehrs kommen noch Förderungen für die Energiewirtschaft, wie die kostenlose Zuteilung von Kohlendioxid-Emissionsberechtigungen (gut 6 Milliarden Euro in Deutschland) und die Steuerermäßigungen für das produzierende Gewerbe (insgesamt über 4,4 Milliarden in Deutschland) sowie die Subventionen für Kohleabbau und -verstromung (fast 2,4 Milliarden Euro in Deutschland). All diese riesigen Förderungen tragen zusätzlich dazu bei, die Verwendung von umweltschädlichen Energiequellen aufrechtzuerhalten und einen dringend notwendigen Strukturwandel für mehr Klima- und Umweltschutz zu erschweren.

Weitere indirekte Subventionen für den Autoverkehr sind hier noch gar nicht eingerechnet; beispielsweise die lächerlich niedrigen Parkgebühren in vielen Städten. In Berlin zahlen Anwohner beispielsweise gerade einmal zehn Euro pro Jahr für ihre Parkvignette, was in überhaupt keinem Verhältnis zum Wert der dadurch dauerhaft in Anspruch genommenen zehn Quadratmeter Stadtraum steht, die normalerweise tausende von Euro kosten müssten. Auch dies ist eine weitere Subventionierung des Autoverkehrs; den Preis dafür tragen letztlich alle – auch nicht autofahrenden – Bewohner mit.

Neben diesen dauerhaften Subventionen bestehen noch viele weitere zeitlich begrenzte, aber direkte Zahlungsflüsse wie die »Abwrackprämie« (absurderweise in Deutschland als »Umweltprämie« und in Österreich als »Ökoprämie« bezeichnet) zugunsten der Automobilindustrie. Ebenso zählen dazu staatliche Garantien für Autofirmen in wirtschaftlichen Schwierigkeiten, der Aufbau von Fluglinien und Flughäfen sowie deren Anbindung mit öffentlichen Mitteln, der anhaltende Bau von Straßen und Autobahnen, die Unterhaltung derselben (nach Schätzungen des Umweltbundesamtes verursacht dies alleine für die Fernstraßen in Deutschland Kosten von über 17 Milliarden Euro pro Jahr) oder die finanzielle Unterstützung der Forschung für die Automobil- und Flugzeugindustrie. Seit 2016 gibt es in Deutschland sogar wieder eine neue direkte Subvention für die Autoindustrie: eine Kaufprämie für Elektroautos – die allenthalben als Zukunft der Mobilität gepriesen werden, obwohl ihr Nutzen für Klima, Umwelt und ganz besonders die Städte mehr als fraglich ist (ausführlich dargestellt in Kapitel 1.1). Bis zu 4.000 Euro pro Auto werden gezahlt, und wie schon bei der »Abwrackprämie« kommen diejenigen, die auf Fahrräder oder den öffentlichen Verkehr als sehr viel ökologischere Alternative setzen, nicht in den Genuss dieser Kaufprämie. Und erneut wird auch in Österreich darüber diskutiert,[48] dem fragwürdigen deutschen Beispiel zu folgen.

3.2. Externe Kosten

»Armut ist hierarchisch, Smog ist demokratisch.«
Ulrich Beck (Soziologe und Autor)

All die aufgeführten Subventionen nehmen sich riesig aus, stellen aber dennoch nur einen geringen Teil der tatsächlichen Subventionierung des »fossilen Verkehrs« durch den Staat dar: Noch sehr viel stärker wirken sich die sogenannten externen Kosten dieses Verkehrs aus, die die Allgemeinheit und nicht die Verursacher tragen. Daher werden sie bei der Entscheidung für oder gegen ein bestimmtes Verkehrsmittel auch nicht berücksichtigt. Unter diese externen Kosten fallen Unfälle, Lärm, die Luftverschmutzung und die zu erwartenden Aufwendungen für die Schädigung des Klimas, aber auch Kosten für die Zerstörung von Natur und Landschaft. Diese Kosten sind aufgrund der vielen komplexen Effekte nur schwierig abzuschätzen und in Zahlen zu fassen. In Tabelle 2 sind die allgemein akzeptierten, aber eher vorsichtig ermittelten externen Kosten aufgegliedert nach den unterschiedlichen Verkehrsarten für Deutschland wiedergegeben. Andere Abschätzungen ermittelten noch deutlich höhere Werte.

Wenig überraschend dominiert der Straßenverkehr bei der Verursachung externer Kosten. Insgesamt erzeugt alleine der private Straßenpersonenverkehr (also ohne Busse und Straßenbahnen) in Deutschland externe Kosten von über 60 Milliarden Euro pro Jahr, der Straßengüterverkehr noch einmal fast 16 Milliarden Euro – zusammen machen beide fast 95 Prozent aller externen Kosten des Verkehrs aus. Die anderen Verkehrsarten fallen dagegen kaum ins Gewicht: Die Schiene mit 3,1 Prozent, der Busverkehr mit 1,3 Prozent und der Luftverkehr mit nur 0,6 Prozent. Die letztere Zahl trügt allerdings, da es sich hier lediglich um den Inlandsverkehr handelt, bei dem die Flüge eine vergleichsweise geringe Rolle spielen. Sowohl der internationale Luftverkehr als auch der Transit-Luftverkehr, der über Deutschland führt, sind hier nicht berücksichtigt. Unter Einbeziehung der internationalen Flugrouten würde diese Betrachtung stark zuungunsten des Luftverkehrs ausfallen.

Eine strittige Zahl in dieser Tabelle ist die Berechnung der Klimafolgekosten. In Tabelle 2 wurde ein »Preis« von 70 Euro pro ausgestoßener

Personenverkehr

Einheit	Total Personenverkehr (Mio. €/Jahr)	Total %	Straße Pkw (Mio. €/Jahr)	Straße Busse (Mio. €/Jahr)	Straße Motorräder (Mio. €/Jahr)	Total Straße (Mio. €/Jahr)	Schiene Personenverkehr (Mio. €/Jahr)	Luftverkehr Personenverkehr (Mio. €/Jahr)
Unfälle	38.832	61,4%	31.840	402	6.514	38.756	69	7
Lärm	5.360	8,5%	4.372	76	277	4.726	513	121
Luftverschmutzung	3.952	6,2%	3.385	283	72	3.740	196	16
Klimakosten	7.992	12,6%	7.370	208	110	7.688	59	245
Natur und Landschaft	2.293	3,6%	2.140	37	30	2.207	29	57
Vor- und nachgelagerte Prozesse	3.770	6,0%	3.093	62	68	3.222	503	45
Zusatzkosten in städt. Räumen	1.076	1,7%	822	16	16	854	222	0
Total	**63.275**	**100,0%**	**53.021**	**1.085**	**7.087**	**61.193**	**1.592**	**492**
Anteil am Total (Pers.- + Güterverkehr)	78,7%		66,0%	1,3%	8,8%	76,1%	2,0%	0,6%

Güterverkehr

Einheit	Total Güterverkehr (Mio. €/Jahr)	Total %	Straße Lieferwagen (Mio. €/Jahr)	Straße Lkw (Mio. €/Jahr)	Total Straße (Mio. €/Jahr)	Schiene Güterverkehr (Mio. €/Jahr)	Luftverkehr Güterverkehr (Mio. €/Jahr)	Binnenschiff Güterverkehr (Mio. €/Jahr)
Unfälle	2.933	17%	1.247	1.680	2.927	5	1	n.a.
Lärm	4.333	25%	927	3.087	4.014	315	4	0
Luftverschmutzung	3.742	22%	648	2.677	3.324	182	1	235
Klimakosten	3.237	19%	635	2.416	3.050	41	8	138
Natur und Landschaft	881	5%	201	634	835	8	2	36
Vor- und nachgelagerte Prozesse	1.673	10%	301	1.052	1.352	289	1	31
Zusatzkosten in städt. Räumen	314	2%	116	133	250	64	0	0
Total	**17.113**	**100%**	**4.074**	**11.679**	**15.753**	**904**	**16**	**440**
Anteil am Total (Pers.- + Güterverkehr)	21,3%		5,1%	14,5%	19,6%	1,1%	0,0%	0,5%

Tabelle 2: Gesamte externe Kosten des Verkehrs in Deutschland im Jahr 2005.[49]

Tonne Kohlendioxid angenommen, der auf den Konventionen des Umweltbundesamtes basiert. Andere Wissenschaftlerinnen und Wissenschaftler plädieren für einen viel höheren Wert, da die zukünftig zu erwartenden Klimaschäden noch sehr viel teurer ausfallen könnten – beispielsweise durch katastrophale Wetterereignisse oder die Degradierung ganzer Landstriche zu unbewohnbaren Gebieten. Daher wurden in der gleichen Studie auch Vergleichsrechnungen mit einem vierfach höheren Preis für den Ausstoß von klimaschädlichen Gasen durchgeführt. Diese höheren Preise führen in etwa zu einer Verdoppelung der gesamten externen Kosten des Straßen- und des Schienenverkehrs und zu einer Verdreifachung der Kosten des Luftverkehrs – dieser schneidet dann im Vergleich zu den anderen Verkehrsmitteln nochmals deutlich schlechter ab.

Erklärungsbedürftig sind ferner auch die »vor- und nachgelagerten Prozesse«. Bei diesen handelt es sich um die Klimafolgekosten der zusätzlichen Emissionen für die Bereitstellung der Energie (besonders der Stromerzeugung bei der elektrisch betriebenen Bahn – daher dort der vergleichsweise hohe Wert) sowie für die Herstellung, den Unterhalt und die Entsorgung der Fahrzeuge und der Infrastruktur.

Andere negative Effekte des Verkehrs lassen sich nur schwierig in Zahlen fassen, und diese sind in diesen Aufstellungen der externen Kosten daher bislang auch nicht enthalten. Dazu gehören beispielsweise die komplexen Wechselwirkungen zwischen den Verkehrsträgern: Der Stau des Autoverkehrs macht beispielsweise auch den Bus- und Straßenbahnverkehr langsamer und damit teurer und unattraktiver, obwohl er diesen Stau nicht verursacht hat.

Gegen diese Berechnungen kann man einwenden, dass der Straßenverkehr ja auch eine höhere Verkehrsleistung erbringt und alleine dadurch höhere externe Kosten verursachen müsse. Als spezifische Kosten, also bezogen auf die jeweilige Verkehrsleistung, fallen die Unterschiede zwischen den Verkehrsmitteln zwar nicht mehr ganz so groß aus, aber immer noch eklatant: Im Personenverkehr schneidet die Bahn dreimal besser ab als das private Auto. Eine Person, die Auto fährt, verursacht also dreimal so hohe Kosten für die Allgemeinheit und die Umwelt wie jemand, der für die gleiche Strecke die Bahn nutzt. Im Güterverkehr wird der Unterschied sogar noch deutlicher: Dort beläuft sich der Straßengüterverkehr auf mehr als vierfach so hohe externe Kosten wie der Schienengüterverkehr, und der Transport per Flugzeug erzeugt fast 40-mal höhere Schäden als jener per Bahn.

Ein beliebtes Argument der Autolobby, speziell des ADAC, ist der Hinweis, dass der Autoverkehr seine Kosten mehr als decken würde und die Autofahrerinnen und Autofahrer als »Melkkühe der Nation« herhalten müssten, indem sie andere Ausgabenbereiche quersubventionierten. Schaut man sich die tatsächlichen Zahlen an, so lässt sich diese Behauptung leicht widerlegen. In Wahrheit ist das Gegenteil der Fall: Den Steuereinnahmen von insgesamt 47,1 Milliarden Euro (38,4 Milliarden Euro für Energiesteuer und Lkw-Maut und 8,7 Milliarden Euro Kraftfahrzeugsteuer) plus 1,6 Milliarden Euro für Parkgebühren stehen die direkten Kosten für die Straßen und Autobahnen von 31,4 Milliarden entgegen. Dazu kommen aber noch die insgesamt 77 Milliarden Euro an externen Kosten. Das macht im Saldo ein Minus von 59,7 Milliarden Euro.[50] Im Klartext: Der Straßenverkehr in Deutschland wird jährlich mit fast 60 Milliarden Euro subventioniert; alle Steuerzahlerinnen und Steuerzahler – egal ob autofahrend oder nicht – werden letztlich für die Unterstützung des Straßenverkehrs zur Kasse gebeten.

3.3. Politische Maßnahmen und Investitionen

»Das Verkehrsproblem mit immer neuen und leistungsfähigeren Verkehrsflä-
chen lösen zu wollen, ist unserer Meinung nach etwa gleich intelligent, kreativ
und wirkungsvoll, wie Alkoholismus mit Freibier zu bekämpfen.«
Fritz Messner (Sänger der Kabarett- und Volksmusikgruppe »Querschläger«)

Neben der Kostenstruktur des Verkehrs gibt es auch viele Regelungen und
Gesetze, die gerade den Verkehr attraktiv machen, der sich verheerend
auf Klima und Umwelt auswirkt. Ein Dauerbrenner ist beispielsweise
das Tempolimit auf Autobahnen: Deutschland ist das einzige Land in
Europa, in dem es solch ein Tempolimit nicht gibt – abgesehen von den
Inseln Malta und Island, wo überhaupt keine Autobahnen existieren. In
allen anderen Ländern Europas gelten Geschwindigkeitsbeschränkungen
zwischen 100 und 130 km/h – in Österreich beispielsweise 130 und in der
Schweiz 120. Selbst im Autoland USA gibt es – abhängig vom Bundes-
staat – generelle Beschränkungen von 65 bis 80 Meilen pro Stunde, was
etwa 105 bis 130 Kilometern pro Stunde entspricht. Die Wissenschaft ist
sich einig darüber, dass ein Tempolimit nicht nur zu geringeren Emissionen von Schadstoffen und Lärm führt, sondern sogar den Verkehrsfluss
verbessert und Unfälle vermindert.[51] Selbst wenn man die moralischen
Implikationen dieser Ergebnisse beiseitelassen würde, sind die vermiede-
nen volkswirtschaftlichen Kosten durch ein Tempolimit um ein Vielfaches
höher als der ohnehin fragwürdige Nutzen der höheren Geschwindigkeit.
Für Deutschland errechnete das Umweltbundesamt, dass man mit einem
Tempolimit von 120 km/h den Kohlendioxidausstoß auf deutschen Autobahnen um 9 Prozent senken könnte, bei 100 km/h sogar um 19 Prozent.
Keine andere so einfache Maßnahme vermag auf einen Schlag solch einen
positiven Effekt für das Klima hervorzurufen. Dazu kommen noch die viel

wichtigeren langfristigen Faktoren: So würde das Tempolimit einerseits schnelle und verbrauchsintensive Autos unattraktiver machen und die Bahn gegenüber dem Auto auf Fernreisen aufwerten. Jede Verlagerung von Reisen auf die Bahn hätte weitere positive Effekte für das Klima, da der Energieverbrauch für die Bahnreise nur einen Bruchteil dessen der Autofahrt beträgt. Darüber hinaus spricht sich seit Jahren in Umfragen immer wieder eine Mehrheit der Deutschen für ein Tempolimit auf Autobahnen aus. Dennoch gibt es bis heute keine solche Beschränkung. Zu groß scheint der Druck der Automobillobby zu sein, wenn etwa ADAC-Präsident Peter Meyer erklärt, das Tempolimit sei »ein alberner Vorschlag aus der ideologischen Klamottenkiste«.[52]

Ein weiterer entscheidender Faktor der Verkehrspolitik mit der falschen Lenkungswirkung ist die Investitionspolitik: Straßenbau gilt nach wie vor als ein zentrales Element der Maßnahmen, obwohl bereits 645.000 Kilometer an Straßen in Deutschland existieren. Das deutsche Autobahnnetz wurde allein in den letzten 20 Jahren noch einmal um fast ein Viertel erweitert. Dennoch ist in der zentralen Planung für die Verkehrswege in Deutschland, dem Bundesverkehrswegeplan, jedes Mal wieder eine Vielzahl von Neu- und Ausbaumaßnahmen für Straßen und Autobahnen enthalten – auch bei der Neufassung von 2016 ist das nicht anders.[53] Jedes Neubauprojekt erzeugt aber zum einen wieder mehr Straßenverkehr und verschlingt zum anderen erhebliche Ressourcen und zerstört weitere Landschaft.

In gleicher Weise wird nach wie vor in den Ausbau von Flughäfen investiert. Insbesondere die Regionalflughäfen sind in den letzten Jahrzehnten fast überall in Europa wie Pilze aus dem Boden geschossen – finanziert von der öffentlichen Hand und in fast allen Fällen ohne eine Aussicht, jemals Gewinne zu erbringen. Stattdessen konkurrieren die Flughäfen um die Billigairlines, weil sich alle Regionen riesige Wachstumsschübe erhoffen, wenn sie vermeintliche Anbindungen in alle Welt erhalten. Abgesehen davon, dass diese Annahme nachgewiesenermaßen falsch ist, führt der Wettbewerb zwischen den Flughäfen letztlich dazu, dass die Fluglinien kaum Start- und Landegebühren zahlen müssen. Somit stellen die vielen Flughäfen oft nicht mehr als Denkmäler für »Regionalfürsten« und in der Konsequenz eine riesige Subvention für die Billigairlines dar. Jeder Flughafenneu- und -ausbau führt letztlich zu einer Erweiterung des Flugverkehrs und wirkt damit extrem klimaschädlich.

Aber in den Ausbau der weniger umwelt- und klimaschädlichen Alternativen wird immerhin ebenfalls investiert: Der deutsche Bundesverkehrswegeplan enthält auch eine Reihe von Schienenausbauprojekten. Das Problem dabei ist nur: Hier wird leider oft viel Geld ohne Konzept investiert und es werden Großprojekte geplant, deren Nutzen für den Bahnverkehr kaum ersichtlich ist. Zuletzt zeigt sich das beim Streit um »Stuttgart 21«, diese Erkenntnis gilt aber ebenso für viele teure Schnellstrecken, deren Bau und Betrieb Milliarden verschlingen, den meisten Bahnreisenden aber kaum einen Vorteil bringen. Gleichzeitig wird der Bahnverkehr in ländlichen Gegenden beständig abgebaut; immer wieder werden Bahnstrecken stillgelegt: Allein zwischen 1994 und 2015 nahm die Länge des Bahn-Streckennetzes in Deutschland – trotz der Neubaustrecken – um fast 18 Prozent ab. Anstatt sicherzustellen, dass die Bahn eine zuverlässige und erschwingliche Alternative zum Autoverkehr darstellt, wurde die Deutsche Bahn in die privatrechtliche Form der Aktiengesellschaft überführt, in mehrere hundert Subunternehmen zerstückelt und dem Ziel der Gewinnmaximierung untergeordnet. Die Bundesregierung wollte die Betriebssparte 2008 bereits teilweise an die Börse bringen und sieht es nicht als ihre Aufgabe an, der Bahn politische Vorgaben zu machen, um einen flächendeckenden zuverlässigen Bahnverkehr sicherzustellen. Die Folgen sind immer häufiger ausfallende und verspätete Züge, gepaart mit hohen Fahrpreisen und oft schlechtem Service, während sich das Staatsunternehmen mehr um seine Rolle als »Global Player« in der internationalen Logistik kümmert als um das Kerngeschäft im Inland. Ganze Sparten wie der Nachtzugverkehr oder Bereiche des Schienengüterverkehrs werden abgewickelt. Dementsprechend nimmt die Nutzung der Bahn außerhalb des hoch subventionierten Nahverkehrs eher ab als zu. Im Sinne des Klimas sollten aber eigentlich Verkehr und Transporte von der Straße und aus der Luft auf die Bahn verlagert werden – was auch in jedem Regierungsprogramm zu lesen ist, jedoch nie umgesetzt wird. Stattdessen versteckt die Verkehrspolitik ihren Gestaltungsunwillen hinter der »Eigenwirtschaftlichkeit« der Deutschen Bahn AG.[54]

Im Bereich der Bahnpolitik beweist die Schweiz, dass es auch anders geht, mit enormen Erfolg: Seit den 1980er Jahren verfolgt das Land – nach mehreren entsprechenden Volksabstimmungen – eine konsequente Infrastrukturpolitik für die Bahn – zusammengefasst unter dem Titel »Bahn 2000«. Die Investitionen setzten nicht auf Hochgeschwindigkeit, sondern auf ein gut abgestimmtes Netz. Die Personenzüge treffen sich zu bestimmten Zeiten (volle und halbe Stunde) in bestimmten Knotenbahnhöfen, so dass Umstiege in jede Richtung ohne Zeitverlust möglich sind – ein sogenannter integraler Taktfahrplan. Alle Investitionen werden daraufhin ausgerichtet, dass dieses System beständig verbessert werden kann; mit dem aktuellen Programm »Bahn 2030« soll es nochmals weiterentwickelt werden. Das Ergebnis ist eine extrem zuverlässige und gerne genutzte Bahn mit einer hohen Verkehrsdichte im Netz, die einen doppelt so hohen Marktanteil hat wie in Deutschland – sowohl im Personen- als auch im Güterverkehr.[55]

Warum gestaltet sich die Verkehrspolitik in Deutschland aber – anders als in der Schweiz – so wenig nachhaltig, obwohl die schädlichen Auswirkungen und die Alternativen bestens bekannt sind? Warum wird nicht sinnvoller investiert, warum werden die Regeln nicht stärker zugunsten der klima- und umweltfreundlicheren und sozialverträgliche- ren Alternativen verändert? Es gibt einige mächtige Nutznießer der jetzt vorherrschenden Politik, und diese haben leider einen starken Einfluss auf selbige – sowohl auf der deutschen als auch auf der europäischen Ebene. Im Bereich Verkehr ist dieser schädliche Einfluss besonders stark: Sowohl die großen Automobilkonzerne direkt als auch der Verband der deutschen Automobilindustrie (VDA) als deren Zusammenschluss sind in Berlin und Brüssel bestens vernetzt und stellen sicher, dass Gesetze und Verordnungen zugunsten der Autoindustrie beschlossen werden. Unterstützt werden sie vom ADAC, der sich bei seinen Mitgliedern als »gelber Engel« für die Pannenhilfe anbiedert, eigentlich aber ein riesiges Wirtschaftsunternehmen ist und sich immer wieder massiv gegen jede Einschränkung des Autoverkehrs einsetzt, der aus seiner Sicht den Status eines Grundrechts besitzt. Wie eng die Verflechtung zwischen Industrie und Politik in diesem Bereich ist, zeigen schon alleine die Personalien Mat- thias Wissmann, ehemals deutscher Bundesverkehrsminister und heute Vorsitzender des VDA und damit oberster Lobbyist der Autoindustrie, oder Eckart von Klaeden, der direkt vom deutschen Bundeskanzleramt zur Daimler AG wechselte.

Und die Erfolge dieser Lobbyisten können sich durchaus sehen lassen: So ist es mehr als bemerkenswert, dass der deutschen Bundesregie- rung – gefolgt von der österreichischen – in der Wirtschaftskrise 2009 nichts Besseres einfiel als die »Abwrackprämie« zur direkten Förderung der Automobilindustrie. Es ist dokumentiert, wie es diese Idee vom Verband der Automobilindustrie in die deutsche Regierung schaffte. Andere beeindruckende Lobbyerfolge der Autoindustrie sind das oben beschriebene Dienstwagenprivileg als direkte Förderung für schwere und verbrauchsintensive Autos – oder die Tatsache, dass es noch immer keine strengeren Abgaswerte gibt und die staatliche Nicht-Aufklärung des

»Abgasskandals« um die manipulierten Schadstoffwerte von Fahrzeugen verschiedener Hersteller.

Die Notwendigkeit eines Strukturwandels in der Automobilindustrie ist offen sichtbar und sollte schon in deren eigenem Interesse liegen, um ein langfristiges Überleben zu sichern. Statt auf große und schwere Autos sollten die Unternehmen zunehmend auf kleine und leichte Fahrzeuge setzen und zudem über grundsätzliche Alternativen zu ihrem Produkt nachdenken. Stattdessen setzen sie sich jedoch – mit großem Erfolg – für eine massive Förderung von Elektroautos ein, die für sie den Fortbestand ihres Geschäftsmodells mit möglichst geringen Veränderungen bedeuten und über »Super Credits« ein Schönrechnen des Flottenverbrauchs ermöglichen. Um diesen Forderungen Nachdruck zu verleihen, wird immer wieder die Legende bemüht, in Deutschland hänge jeder siebte Arbeitsplatz von der Autoindustrie ab – obwohl diese Behauptung schon seit vielen Jahren widerlegt ist. Tatsächlich betrifft es nicht einmal jeden zwanzigsten Arbeitsplatz, und dieser Anteil schwindet mit der Automatisierung der Produktion immer weiter, während andere Bereiche wie die Fahrradindustrie oder der öffentliche Verkehr ebenfalls Arbeitsplätze in erheblichem Umfang bieten. Das Festhalten an den alten Strukturen lässt für die Autoindustrie ein Schicksal analog zu den Dinosauriern befürchten: Wer sich nicht rechtzeitig an neue Gegebenheiten – wie die immer deutlicher werdende Begrenztheit des Öls oder die inzwischen unbestreitbaren Auswirkungen des Klimawandels – anpasst, dem bleibt letztlich nur der Untergang.

Mit ihren Lobbyaktivitäten für das »fossile Verkehrsmodell« ist die Autoindustrie aber bei weitem nicht alleine: Die Bauindustrie ist ebenfalls sehr umtriebig, wenn es um den Bau immer weiterer Straßen und Autobahnen, Hochgeschwindigkeits-Bahnstrecken mit möglichst vielen Tunnels und Brücken oder um den Neu- und Ausbau von Flughäfen geht. In Zeiten von Finanzknappheit setzt sie sich zunehmend für private

Finanzierungsmodelle über öffentlich-private Partnerschaften ein. Und nicht vergessen darf man auf die Luftfahrtindustrie, die jeden Vorstoß für eine Besteuerung von Kerosin oder auch die Erhebung der Mehrwertsteuer auf grenzüberschreitende Tickets immer wieder erfolgreich verhindert hat und ebenso wie die Autoindustrie viele Milliarden für den Bau der benötigten Infrastruktur und für die Forschung zu ihren Gunsten umleitet.[56]

Auch die Vertreter der Bahnindustrie, des öffentlichen Nahverkehrs, Fahrgast- und Umweltverbände oder die Fahrradindustrie versuchen die Politik in ihrem Sinne zu beeinflussen, aber ihre finanzielle Macht und damit auch ihr Zugang zur Politik ist ungleich beschränkter als derjenige der »fossilen Lobby«. Auch sie argumentieren mit Arbeitsplätzen, aber offensichtlich mit deutlich viel weniger Erfolg. Nur so ist es zu erklären, dass beispielsweise der Abbau von über 150.000 Jobs bei der Deutschen Bahn seit den 1990er-Jahren völlig ohne jede öffentliche Debatte stattfand, während die Kanzlerin persönlich anreist und alle Hebel in Bewegung setzt, wenn ein Automobilwerk geschlossen werden soll. Solange die Machtverhältnisse der Lobbyverbände so bleiben und sich keine große Bürgerbewegung in die entgegengesetzte Richtung etabliert, wird sich an der Verkehrspolitik – entgegen jeder Vernunft – vermutlich nur wenig ändern.

3.4. Förderung des Umweltverbunds

»Die Politik fördert jetzt zwar ein bisschen die Elektromobilität, problematisiert aber nicht die Individualmobilität. Die offizielle Lesart der Nachhaltigkeit findet also komplett innerhalb des »Business-as-usual« statt. Ich glaube, in der Bevölkerung ist klar, dass Politik jetzt ehrlicher sein müsste.«
Andreas Ernst (Umweltpsychologe)

Der Umweltverbund als Kombination aus öffentlichem Nahverkehr (ÖPNV) sowie Fuß- und Fahrradverkehr sollte zukünftig zur Befriedigung des Großteils unserer Mobilitätsbedürfnisse dienen, wenn wir Autoverkehr in großem Umfang ersetzen wollen. Dabei ist die Kombination aus den Verkehrsarten entscheidend: Sehr kurze Strecken können zu Fuß zurückgelegt werden, für längere Strecken ziehen die meisten Menschen jedoch das Fahrrad vor. Für weite Strecken ist der ÖPNV bzw. der Bahnverkehr die erste Wahl. Dabei muss die gemeinsame Nutzung aller Verkehrsmittel von vornherein mitgeplant werden – etwa durch die Möglichkeit zur Fahrradmitnahme in den öffentlichen Verkehrsmitteln und sichere Fahrradabstellmöglichkeiten an ÖPNV-Haltestellen und Bahnhöfen. Mietfahrräder an den Haltestellen bieten sich an, um Menschen ohne eigenes Fahrrad eine Weiterfahrt mit dem Rad zu ermöglichen. All dies wurde auch in Kapitel 2 dieses Buches beschrieben.

Um eine Verlagerung von Verkehr auf den Umweltverbund zu bewirken, benötigt man zwei Arten von Maßnahmen: Einerseits solche, die den Umweltverbund attraktiver machen (sogenannte »Pull«-Maßnahmen) und andererseits solche, die die schädlicheren Alternativen (vor allem Auto- und Flugverkehr) unattraktiver und teurer gestalten (sogenannte »Push«-Maßnahmen). Nur beides zusammen kann zu einer effektiven Verlagerung führen.

Was sollte im Sinne solcher »Pull«-Maßnahmen geschehen, um den öffentlichen Verkehr attraktiver zu machen?

- ein dichtes und gut geplantes Liniennetz, das schnelle Verbindungen ohne viel Umsteigen ermöglicht
- ein dichter Takt, so dass die Nutzerinnen und Nutzer nie lange auf den nächsten Bus oder die nächste Bahn warten müssen

- ein gutes Verkehrsangebot auch zu Tagesrandzeiten und nachts mindestens ein bedarfsorientiertes Angebot, etwa Anrufsammeltaxis
- eine große Haltestellendichte: Für die Nutzerinnen und Nutzer ist die Nähe zur Haltestelle entscheidend für die Attraktivität des öffentlichen Verkehrs.
- eine gute Verknüpfung der Linien und der unterschiedlichen Verkehrsmittel untereinander: Für die Kombination der Linien sind ein »Rendevouz-System« oder ein sogenannter integraler Taktfahrplan optimal, die einen direkten Übergang zwischen verschiedenen Linien ohne viel Zeitverlust ermöglichen. Auch der Übergang zwischen den unterschiedlichen Verkehrsmitteln muss möglichst einfach erfolgen. Dazu gehören sichere Fahrradabstellanlagen an den Bahnhöfen oder Entleihmöglichkeiten von Mietfahrrädern.
- eine hohe Zuverlässigkeit: Menschen nutzen den öffentlichen Verkehr viel eher, wenn sie sich darauf verlassen können, dass sie auch tatsächlich pünktlich ankommen. Konsequenterweise wirken sich regelmäßige Beeinträchtigungen der Zuverlässigkeit negativ auf die Nutzung aus. Eine hohe Zuverlässigkeit erfordert ein gutes Instandhaltungsmanagement und ausreichende Investitionen.
- Bevorzugung von Bahn- und Straßenbahn- statt Busverbindungen: Bahnen sparen nicht nur Energie und können schon heute vollständig mit erneuerbaren Energien betrieben werden, sondern werden dazu von den meisten Menschen besser angenommen als Busse. Dazu trägt neben dem höheren Fahrkomfort und der besseren Pünktlichkeit die wahrgenommene Sicherheit bei. Im urbanen Raum lassen sich Straßenbahnen um ein Vielfaches günstiger bauen als U- oder S-Bahnen und können mit Hilfe von Vorrangschaltungen an Ampeln fast ebenso schnell fahren, während sie zusätzlich einfacher barrierefrei zu betreiben sind.

- Barrierefreiheit, damit die Verkehrsmittel für alle nutzbar sind – insbesondere auch für Behinderte, Ältere und Menschen mit viel Gepäck oder Kinderwagen
- Einfache Systeme für Informationen und Fahrpläne sowie personengebundener Fahrkartenkauf, um auch älteren Menschen eine selbstständige Mobilität zu gestatten.

Dazu gibt es längerfristige Maßnahmen, um einen guten öffentlichen Nahverkehr zu ermöglichen: So stellt eine hohe Siedlungsdichte eine entscheidende Voraussetzung dar, da sie eine große Nähe zu den Haltestellen und einen dichten Takt ermöglicht. Zu den längerfristigen Maßnahmen zählen auch ein Ausbau des Liniennetzes und insbesondere die Integration unterschiedlicher Verkehrsmittel. Mit einem solchen Konzept sind beispielsweise die Karlsruher Verkehrsbetriebe sehr erfolgreich, die das Straßenbahnsystem ins Umland ausgedehnt haben, so dass es den Charakter einer S-Bahn trägt – das sogenannte »Karlsruher Modell«. Nach dem gleichen Vorbild sind inzwischen die Stadtbahn Heilbronn, die RegioTram Kassel, die Saarbahn in Saarbrücken und einige weitere kombinierte Stadtbahnen geschaffen worden.

All diese Maßnahmen sind selbstverständlich nicht umsonst zu haben. Bei der Betrachtung der Kosten darf aber nicht vergessen werden, welche Ausgaben und welche Umwelt- und Klimaschäden auf der anderen Seite der »fossile Verkehr« verursacht. Im Vergleich dazu sind jegliche Maßnahmen zur Steigerung der Attraktivität des Umweltverbunds nicht nur deutlich billiger, sondern dazu auch noch besser angelegtes Geld als die momentan noch immer vorherrschende Subventionierung des Straßen- und Flugverkehrs. Der öffentliche Verkehr trägt schon heute einen weitaus größeren Anteil seiner Gesamtkosten durch die Einnahmen selbst, während das Auto große Teile seiner Gesamtkosten auslagert bzw.

»externalisiert« – und deshalb für die Nutzerinnen und Nutzer individuell billiger ist.

Die Tarifstruktur des öffentlichen Verkehrs ist ein weiteres wichtiges Thema. In den letzten beiden Jahrzehnten wurde ganz besonders der Bahn-Fernverkehr in Deutschland sehr viel teurer – einer der wichtigsten Gründe, weshalb Menschen ihn nicht nutzen. Es gibt zwar immer wieder auch günstige Sparangebote, aber diese gelten immer nur zu bestimmten Zeiten und unter bestimmten Bedingungen und sind insbesondere für Gelegenheitsnutzer schwer zu durchschauen. Daher muss der öffentliche Verkehr deutlich verbilligt und das Preissystem muss radikal vereinfacht werden. Auch hier kann die Schweiz wiederum als Vorbild dienen: Mit dem »direkten Verkehr« gibt es dort ein einziges Tarifsystem mit einheitlichen Bedingungen, das den gesamten öffentlichen Verkehr im Land integriert – vom Postbus und vielen Seilbahnen über den Bahn-Fernverkehr bis zu S-Bahnen in den Metropolen.

Einige Initiativen fordern sogar einen komplett kostenlosen öffentlichen Verkehr im Nahbereich. Allerdings würden durch die wegfallenden Einnahmen wichtige Mittel zur Investition in den ÖPNV fehlen, der gleichzeitig aufgrund der erhöhten Nachfrage ausgebaut werden muss – beispielsweise durch mehr und größere Fahrzeuge und dichtere Takte, längerfristig auch durch die Einrichtung neuer Linien, die den ÖPNV zusätzlich attraktiver machen. Unterbliebe dieser Ausbau, so wäre der ÖPNV überlastet, und die Fahrgastzahlen würden wieder zurückgehen. Aufgrund der beschriebenen Finanzierungsprobleme wurde die Idee des *beitragsfinanzierten Nulltarifs* geboren: Bei diesem Modell zahlen alle Einwohnerinnen und Einwohner der Stadt oder des Landkreises einen *Nahverkehrsbeitrag*; auch Unternehmen könnten mit in die Finanzierung einbezogen werden, da sie ebenfalls vom öffentlichen Verkehr profitieren. Von diesem Geld wird der öffentliche Nahverkehr der Stadt oder

der Region dann finanziert – bei der Benutzung ist er jedoch kostenlos. Damit entspricht das Modell dem Semesterticket, das inzwischen in fast allen deutschen Universitätsstädten eingeführt wurde: Jede und jeder Studierende bezahlt pauschal und ist dann zur unbegrenzten Nutzung berechtigt. Letztlich ähnelt dieses Finanzierungsmodell damit auch dem Autoverkehr, dessen Kosten wie oben dargelegt ebenfalls zu einem Großteil von der Allgemeinheit getragen werden. Es wäre viel eher zu vertreten, dass der ökologischere Verkehr auf diese Weise von der Allgemeinheit subventioniert wird. Beim Nahverkehrsbeitrag sollte aber auch darauf geachtet werden, dass dieser sozialverträglich erhoben wird und Menschen mit geringem Einkommen einen niedrigen Beitrag zahlen.

Der Fuß- und der Fahrradverkehr sind in Bezug auf ihre Klima- und Umweltbilanz allen anderen Verkehrsmitteln, auch dem öffentlichen Verkehr, weit überlegen: Abgesehen von der Produktion eines Fahrrades dürfen beide als klimaneutral gelten. Dennoch werden sie als Verkehrsmittel bislang von der Verkehrspolitik oft nicht recht ernst genommen. So macht beispielsweise der Bau von Radwegen im Etat des deutschen Bundesministeriums für Verkehr, Bau und digitale Infrastruktur weit unter 1 Prozent aus, bei den Etats der meisten Städte und Landkreise verhält es sich ähnlich. Dabei sind Maßnahmen zur Förderung des Fuß- und Fahrradverkehrs um ein Vielfaches günstiger als für andere Verkehrsmittel und können trotzdem große Wirkung entfalten.

Mit folgenden Maßnahmen können der Fußverkehr sehr viel attraktiver gemacht werden:

- Fußgängerzonen: möglichst viele Bereiche, die dem Fußverkehr allein vorbehalten sind
- flächendeckend breite Gehwege, die zum Flanieren einladen und auch konsequent von parkenden Autos frei gehalten werden

- schön gestaltete Gehwege mit hoher Aufenthaltsqualität – beispielsweise Begrünung, Bänke etc.; vor allem Wege durch Parks und entlang von »Grünen Achsen« – Grünstreifen, die die Stadt durchziehen.
- einfache Straßenquerungen durch Zebrastreifen und Ampeln, die dazu auch so geschaltet sein sollten, dass man nicht minutenlang vor einer unbefahrenen Straße warten muss oder die Straße aufgrund der Schaltung nur in zwei Ampelphasen überqueren kann; an Kreuzungen mit viel Fußverkehr auch »Rundumgrün«-Schaltungen, so dass die Kreuzung auch diagonal überquert werden kann
- Bordsteinabsenkungen an allen Querungen für Gehbehinderte und Rollstuhlfahrerinnen und Rollstuhlfahrer
- viele Begegnungs- und »Shared-Space«-Zonen, in denen der motorisierte Verkehr keine Vorfahrt hat, sondern mit dem Fuß- und Fahrradverkehr gleichberechtigt ist
- generelle Einführung einer Höchstgeschwindigkeit von 30 km/h in Städten und auf kleineren Straßen auch darunter. Das macht den Verkehr für die nicht-motorisierten Verkehrsteilnehmenden sicherer und reduziert gleichzeitig Lärm und Abgase.
- ausreichende Beleuchtung, damit sich Fußgängerinnen und Fußgänger auch abends sicher fühlen

Weitere Maßnahmen können den Fahrradverkehr attraktiver machen:

- ein gut verknüpftes Fahrradwegenetz mit möglichst wenig Kreuzungen mit dem motorisierten Verkehr und glatten Oberflächen, wo immer möglich entlang von »Grünen Achsen«
- Ausweisung von Fahrradstraßen: Dies sind Straßen, die nur dem Fahrradverkehr vorbehalten sind, auf denen Fahrradfahrer explizit auch

nebeneinander fahren dürfen und die nur teilweise von Anliegern mit
motorisierten Verkehrsmitteln befahren werden dürfen

- Öffnung von Einbahnstraßen für den Fahrradverkehr auch in der
  Gegenrichtung
- Verkehrsberuhigung von Straßen, um den motorisierten Verkehr zu
  entschleunigen und so den Fahrradverkehr sicherer zu machen
- Fahrradschnellwege: Solche kreuzungsfreien, breiten und glatten
  Fahrradwege, auf denen sich leicht längere Strecken zurücklegen
  lassen, ermöglichen auch Pendlerinnen und Pendlern mit längeren
  Wegen (zwischen 5 und 25 Kilometern) die Fahrt zur Arbeit mit dem
  Fahrrad. In einigen niederländischen und Schweizer Städten sowie
  in Kopenhagen, London und New York wurden solche Schnellwege
  bereits erfolgreich eingerichtet; in Deutschland entsteht mit dem
  »Radschnellweg Ruhr« ein erstes großes Projekt.
- an Kreuzungen fahrradfreundliche Ampelschaltungen, insbesondere
  die Einrichtung einer »Grünen Welle« für FahrradfahrerInnen, so
  dass man bei einem bequemen Fahrradtempo (ca. 20 km/h) nicht an
  den Kreuzungen warten muss. Solche Schaltungen sind in Kopenhagen bereits sehr erfolgreich im Einsatz; davon könnten auch andere
  Kommunen lernen.
- sichere Fahrradabstellanlagen, insbesondere auch an Haltestellen des
  ÖPNV, um einen einfachen Umstieg innerhalb des Umweltverbunds
  zu ermöglichen; an zentralen Orten wie Bahnhöfen auch bewachte
  Fahrradparkhäuser
- Um das Fahren auch für Nicht-Einheimische attraktiv zu machen, ist
  außerdem ein Fahrradwege-Beschilderungssystem wichtig.

»Shared-Space«- und Begegnungszonen stechen aus dieser Auflistung
heraus: In einer Shared-Space-Zone sind alle Verkehrsteilnehmerinnen

und -teilnehmer gleichberechtigt, es gibt also keinen wie immer gearteten Vorrang des motorisierten Verkehrs. Alle müssen gegenseitig aufeinander Rücksicht nehmen. Zu diesem Zweck entfallen sämtliche Schilder in der Zone. Die Straße muss aber baulich so angepasst werden, dass den Autofahrenden die speziellen Regelungen sofort bewusst werden. Verkehrsplaner sprechen von einer »gezielten Verunsicherung« der Autofahrerinnen und -fahrer, um dadurch die Sicherheit für alle zu erhöhen. In einer Begegnungszone gilt sogar ein Vorrang von Fußgängerinnen und Fußgängern gegenüber den anderen Verkehrsteilnehmern und eine Höchstgeschwindigkeit zwischen 10 und 20 km/h. Solche Zonen existieren in der Schweiz, während in Deutschland und Österreich bislang nur Pilotprojekte bestehen.

Eine weitere Maßnahme, die den Fuß- und Fahrradverkehr deutlich attraktiver machen würde, wäre die Abschaffung der absoluten Bedeutung von Ampeln und Stoppschildern für diese beiden Verkehrsarten. Konkret würde das etwas legalisieren, was auch heute schon in vielen Städten gang und gäbe ist: Zu Fuß und mit dem Fahrrad dürfte man auch rote Ampeln – unter der Beachtung der Vorfahrt derer, die grün haben – überfahren bzw. übergehen, Fahrradfahrende dürften überdies Stoppschilder als »Vorfahrt gewähren«-Schilder interpretieren und vorsichtig weiterfahren, ohne komplett anzuhalten. Dies ist für Zu-Fuß-Gehende und Fahrradfahrende deswegen gefahrlos möglich, weil sie den Verkehr um sich herum viel direkter wahrnehmen und überdies ihre Bewegung sehr viel flexibler an die Gegebenheiten anpassen können als Autofahrer. Nicht umsonst wurden starre Vorfahrtregeln und Ampeln nur für den Autoverkehr eingeführt. Der Grund ist, dass die Auto-Insassen hinter Blech und Glas verborgen sind, so dass Ampeln und Schilder die dadurch unmöglich gemachte direkte Kommunikation ersetzen müssen. Daher ist es auch nicht nachvollziehbar, warum sich Fahrradfahrende und Zu-Fuß-Gehende diesen Regelungen ebenso bedingungslos unterwerfen sollten. Zu ihrer eigenen Sicherheit werden sie sich mit einer solchen Aufweichung der Regelungen kaum selbst gefährden, zumal sie bei Unfällen mit motorisierten Fahrzeugen immer in der schwächeren Position sind. Genau dies zeigen auch Erfahrungen mit solchen Regelungen: Im US-Bundesstaat Idaho gilt der »Idaho Stop« bereits seit 1982, und in Untersuchungen konnte gezeigt werden, dass die Häufigkeit und Schwere von Unfällen dadurch nicht zu- sondern sogar leicht abnahm.[57]

Fuß- und Fahrradverkehr geraten aber auch in Konflikt zueinander, besonders auf gemeinsam genutzten Wegen. Da die Geschwindigkeit beider Verkehrsmittel sehr unterschiedlich ist, sollte man sie – wo möglich – voneinander trennen. So macht eine bauliche Trennung von Fahrrad- und Fußgängerverkehr auf »Grünen Achsen« Sinn, denn Fahrradfahrerinnen und -fahrer wollen meist zügig vorankommen, während Fußgängerinnen und Fußgänger sich häufig durch die schnell Fahrradfahrenden gefährdet fühlen.

Einige der vorgeschlagenen Förderungen des Fuß- und Fahrradverkehrs gehen letztlich auf Kosten des motorisierten Straßenverkehrs. Das ist einerseits unvermeidlich, da der Platz auf der Straße, die Zeit von Ampelschaltungen und vieles andere einfach begrenzt sind. Gleichzeitig stellen diese »Pull«-Maßnahmen für den Umweltverbund damit aber teilweise auch »Push-Maßnahmen« für den Autoverkehr dar. So werden letztlich noch mehr Menschen zum Umsteigen animiert. Dies zeigt beispielsweise die Stadt Kopenhagen, die sich wie kaum eine andere um die Förderung des Fahrradverkehrs bemüht und dabei auch Nachteile für den Autoverkehr bewusst in Kauf nimmt: Dort hat das Fahrrad einen Verkehrsanteil von rund einem Drittel; auf der meistbefahrenen Straße rollen täglich 40.000 Fahrräder.

3.5. Mobilitätsplanung statt Verkehrsplanung

»Für ein lebenswertes Europa brauchen wir nicht nur eine Energiewende, sondern auch eine Mobilitätswende.«
Andrä Rupprechter (österreichischer Minister für Land- und Forstwirtschaft, Umwelt und Wasserwirtschaft)

Im deutschen Bundestagswahlkampf 1972 versprach der damalige Bundesverkehrsminister Georg Leber seinen potenziellen Wählern, jede Bürgerin und jeder Bürger erhalte einen Autobahnanschluss in Reichweite von zehn Kilometern. Lebers Versprechen ist heute in den meisten Regionen übererfüllt – mit den bereits beschriebenen Folgen durch den enorm gewachsenen Autoverkehr. Es wurde aber nie eine ähnliche Vision verfolgt, die die tatsächlichen Mobilitätsbedürfnisse der Menschen in den Mittelpunkt gestellt hätte: Beispielsweise, dass jeder Mensch in Deutschland über einen Lebensmittelladen in seiner Wohnortnähe verfügen solle, um nicht weit für seine täglichen Einkäufe fahren zu müssen, dass jeder Mensch eine ärztliche Versorgung leicht erreichen kann oder dass jeder Mensch unabhängig von Alter und Gesundheitszustand Zugang zu selbstbestimmter Mobilität erhält.

Verkehrsplanung funktioniert stattdessen bislang fast ausschließlich nach der folgenden Logik: Ist ein Verkehrsweg – meistens eine Straße oder eine Autobahn – überlastet, so dass es zu regelmäßigen Staus kommt, dann muss dieser Verkehrsweg ausgebaut werden. Die Straße oder Autobahn wird also entweder verbreitert, oder es wird eine zusätzliche Ausweichstrecke gebaut. In Bezug auf Flughäfen gilt das gleiche Prinzip: Wenn der Flugverkehr wächst, werden die Flughäfen erweitert, es werden neue Terminals sowie Start- und Landebahnen gebaut. Ebenso werden Häfen, Wasserstraßen und Bahnstrecken nach dem gleichen Prinzip aus- und neugebaut, letztere aber fast ausschließlich für den Hochgeschwindigkeitsverkehr. Allen Maßnahmen ist gemeinsam: Es wird immer auf einzelne Engpässe reagiert, es gibt aber keine übergreifende Strategie für den Ausbau von Verkehrswegen oder gar für die Befriedigung von Mobilitätsbedürfnissen – und dies obwohl der deutsche Bundesverkehrswegeplan eigentlich die Funktion eines solchen zentralen Planungsinstruments haben könnte. Er umfasst aber lediglich genau solche Einzelmaßnahmen. Alternativen zu vorgeschlagenen Projekten mit anderen Verkehrsmitteln werden in diesen Planungen höchstens in Einzelfällen ernsthaft geprüft.

Die Folge dieser Verkehrsplanung ist ein Teufelskreis: Der vorhandene Verkehr verlangt nach neuen Verkehrswegen, und die neuen Verkehrswege induzieren wiederum neuen Verkehr – womit erneut der Bedarf für einen weiteren Ausbau entsteht. Man muss also im Prinzip immer weiter ausbauen. Die Verkehrspolitik der letzten 60 Jahre hat genau dies getan: Es sind immer mehr Straßen gebaut worden, die Staus wurden aber nicht weniger. Das deutsche Autobahnnetz wurde zwischen 1950 und 2010 fast vervierfacht (siehe Abbildung 4 in Kapitel 1.2), während im gleichen Zeitraum das Schienennetz um mehr als ein Viertel schrumpfte. Die Anzahl an Weichen und Kreuzungen, die wichtig für die Kapazität des Netzes sind, weil sie z. B. das Ausweichen von Zügen ermöglichen, nahm gar um die Hälfte ab. Nicht ganz so drastisch sieht es in Österreich aus, wo zwischen 1960 und 1990 das Straßennetz um 25 Prozent ausgebaut und das Schienennetz um 5 Prozent abgebaut wurde. Die Schweiz hat eine etwas andere Entwicklung genommen: Das Streckennetz der Bahn ist zwischen 1950 und 2015 fast exakt gleich lang geblieben; allerdings ist das Autobahnnetz in dem Zeitraum ebenfalls vervierfacht worden.

Was in der Verkehrsplanung bislang meist fehlt, ist ein Denken in Alternativen – ein Denken, das nicht auf jeweils ein einziges Verkehrsmittel fixiert ist. Im Mittelpunkt der Planung müssten die Mobilitätsbedürfnisse der Menschen stehen und nicht einzelne Verkehrsmittel. Konkret könnte das bedeuten: Ist eine Zubringerstraße in eine Stadt durch den täglichen Berufsverkehr überlastet, so gebe es statt eines Ausbaus der Straße auch alternative Möglichkeiten, um die Menschen zu bewegen. Beispielsweise könnte auch eine entsprechende Bahnstrecke oder Straßenbahn ausgebaut bzw. das Angebot auf dieser verbessert werden. Es könnten Fahrgemeinschaften gefördert werden, oder ein gut ausgebauter kreuzungsfreier Fahrradschnellweg könnte die Menschen dazu animieren, auch weitere Strecken statt mit dem Auto mit dem Fahrrad oder mit dem Pedelec zu fahren. Als langfristigere Maßnahme wäre zudem zu überlegen, wie man durch entsprechende Programme das Wohnen nahe am Arbeitsplatz fördern oder eine Verlagerung von Arbeitsplätzen in die Regionen, in denen die Menschen leben, erreichen könnte. Ähnliche Überlegungen müssten auch für den Verkehr in Regionen oder im ganzen Land angestellt werden. Grundsätzlich sollte die Planung immer mit oberster Priorität versuchen, den Verkehr komplett zu vermeiden, und an zweiter Stelle sollte der existierende Verkehr auf schonendere Verkehrsmittel verlagert werden.

In der Schweiz ist man mit solchen Planungen immerhin etwas weiter als in Deutschland: Hier gibt es beispielsweise das Ziel, einen möglichst hohen Anteil des alpenquerenden Gütertransits von der Straße auf die Bahn zu verlagern, anstatt einfach die Straßen entsprechend auszubauen – mit guten Erfolgen: Inzwischen werden mehr als zwei Drittel auf der Schiene abgewickelt. Das lässt sich die Schweiz Einiges kosten, zuletzt z. B. mit dem Bau des Gotthard-Basistunnels, immerhin des längsten und tiefsten Tunnels der Welt. Das Gegenbeispiel gibt Frankreich ab, wo der alpenquerende Güterverkehr lediglich zu 16,5 Prozent auf der Schiene fährt. Weit über 80 Prozent findet also auf der Straße statt, weil Frankreich keine Verlagerungsstrategie hat. Österreich als drittes wichtiges Alpenland rangiert zwischen diesen beiden Extremen.

Ein weiteres Beispiel aus Belgien illustriert das Denken in Mobilitätsbedürfnissen statt in Verkehrsmitteln: In der Stadt Hasselt mit knapp 70.000 Einwohnerinnen und Einwohnern gab es Pläne für einen dritten Straßen-Umgehungsring. In den 1980er-Jahren war bereits ein zweiter Umgehungsring gebaut worden, der allerdings die Innenstadt kaum nachhaltig vom Verkehr entlastet hatte. Es war daher fraglich, was ein dritter Ring tatsächlich bringen würde. Der Politiker Steve Stevaert schlug daraufhin vor, statt eine neue Straße zu bauen, den gesamten öffentlichen Nahverkehr kostenlos zu machen und damit die Menschen von der ÖPNV-Nutzung zu überzeugen. Überdies sollten die Parkgebühren deutlich erhöht werden. Mit diesem Konzept wurde Stevaert zum Bürgermeister gewählt, und das Modell wurde zum großen Erfolg. Inzwischen konnten aufgrund der Abnahme des Autoverkehrs sogar Straßen zurückgebaut werden – und die Mobilitätsbedürfnisse der Hasselter sind besser befriedigt als zuvor. Auch wenn der öffentliche Nahverkehr inzwischen für Erwachsene wieder ein geringes Entgelt kostet, kann Hasselt als Beispiel dienen, wie man mit einer anderen Verkehrspolitik eine Stadt attraktiv machen kann.

3.6. Ende des Wachstumsparadigmas

»Wachstum um des Wachstums willen ist die Ideologie der Krebszelle.«
Edward Paul Abbey (Autor und Naturforscher)

»Jeder Tag weiter bestehenden exponentiellen Wachstums treibt das Weltsystem näher an die Grenzen des Wachstums. Wenn man sich entscheidet, nichts zu tun, entscheidet man sich in Wirklichkeit, die Gefahren des Zusammenbruchs zu vergrößern.«
Dennis L. Meadows (Ökonom) in »Die Grenzen des Wachstums«

Als 1973 das Buch »Die Grenzen des Wachstums«[58] erschien, klang dieser Gedanke für viele Menschen noch weitgehend absurd. Heute stoßen wir aber an immer mehr Stellen an eben diese Grenzen, die die Autorin und die Autoren des Buches mit als erste erkannt haben – sei es das absehbare Ende der fossilen Energieträger, das Klimaproblem oder der globale Verlust an Biodiversität. Es wird immer klarer: Ein unbegrenztes Wachstum ist in einer Welt mit begrenzten Ressourcen schlichtweg nicht möglich. Über die grundlegenden Regeln der Physik kann man sich auch mit einer »grünen Wirtschaft« nicht hinwegsetzen, die ein immerwährendes Wachstum trotz endlicher Ressourcen verspricht. Oft werden die Rebound-Effekte (siehe Kapitel 1) vergessen, die bei vielen vermeintlichen Effizienzmaßnahmen doch dazu führen, dass am Ende eher mehr als weniger Ressourcen verbraucht werden.

Was wir heute als Wachstum zu messen versuchen, trägt entgegen den politischen Beteuerungen immer weniger dazu bei, dass es uns wirklich besser geht. Man muss sich nur einmal vergegenwärtigen, was alles in das Bruttoinlandsprodukt (BIP) als allgemein akzeptierter Maßstab des Wohlergehens der Wirtschaft mit eingerechnet wird: Wenn Autobahnen aufgrund der vielen Benutzung verschleißen und wieder erneuert werden müssen, wächst das BIP. Wenn Naherholungsgebiete und Häuser für die Erweiterung eines Flughafens abgerissen werden müssen, wächst das BIP. Wenn Menschen durch Lärm und Abgase erkranken oder durch Autounfälle verletzt werden und medizinisch behandelt werden müssen, wächst das BIP. All das bedeutet in unserer jetzigen wirtschaftlichen Gesamtrechnung Wachstum, aber wohl kaum Erhöhung des Wohlstands oder Glücks. Solche Beispiele zeigen letztlich, wie fragwürdig ein solcher Indikator als Maßstab ist.

Wir müssen uns nicht nur, aber auch beim Verkehr an den Gedanken gewöhnen, dass es nicht mehr um ein »Immer-Mehr« gehen kann.

Stattdessen sollten wir viel mehr die Fragen stellen: Was ist wirklich notwendig, was macht uns wirklich glücklicher? Und wie können wir das mit möglichst geringem Ressourcenaufwand und möglichst geringen Folgeschäden erreichen? Ein solches Denken bezeichnet man als Suffizienz – ein Wohlstand mit Maß. Dabei geht es um einen ganz bewussten Verzicht auf Dinge, die wir eigentlich nicht benötigen. Erreichen wir in einigen Fällen nicht sogar eine höhere Lebensqualität durch eine bewusste Beschränkung? Der Postwachstumsökonom Nico Paech spricht von einer »konsumtiven Entschlackung«.[59] Brauchen wir wirklich immer mehr von allem? Hätten wir nicht lieber gute Produkte mit langer Haltbarkeit als viele, die oft schon nach kurzer Zeit wieder kaputt gehen? Macht uns täglicher Fleischkonsum wirklich glücklich, obwohl weniger Fleisch zu essen eigentlich sogar gesünder für uns wäre – und für das Klima auch? Es lassen sich viele Bereiche finden, in denen eine bewusste Beschränkung eher einen Gewinn als einen Verlust an Lebensqualität mit sich bringt.

Studien zeigen, dass materieller Besitz nur bis zu einem gewissen Punkt zu einem glücklicheren Leben führt; darüber hinaus lässt sich das Glück dadurch nicht mehr steigern. In Deutschland ist der materielle Wohlstand seit den 1970er-Jahren um mehr als 50 Prozent angestiegen, die Lebenszufriedenheit nahm hingegen um zehn Prozent ab.[60] Generell scheinen Menschen dann glücklich zu sein, wenn alle Grundbedürfnisse zuverlässig abgedeckt sind und wenn darüber hinaus alle ungefähr gleich viel besitzen. In Gesellschaften mit einer hohen Ungleichheit an materiellem Besitz ist das subjektiv wahrgenommene Glück hingegen geringer, da der größte Teil der Bevölkerung täglich vorgeführt bekommt, was andere ihr Eigentum nennen und was man selbst noch begehren könnte. Ein wichtiges Element der Repräsentation solcher Unterschiede sind übrigens Statussymbole – und dazu gehört traditionell an erster Stelle das Auto: Der Wunsch, sich von den Mitmenschen abzuheben, führt noch immer dazu, dass so viele teure und schwere Autos gekauft werden, deren Motorleistung und sonstigen Eigenschaften unter normalen Bedingungen niemals benötigt werden. Ähnliches gilt für Häuser, Kleidung und viele andere Produkte. Tatsächlich hängt das Glück aber viel stärker von der Gemeinschaft mit anderen Menschen, guter Gesundheit, einer sauberen Umwelt und einer intakten und sicheren Wohnsituation ab – so das Ergebnis einer offiziellen Studie der Organisation für wirtschaftliche Zusammenarbeit und Entwicklung (OECD). Auch die Zeit, die man mit den täglichen Wegen verbringt, wirkt sich dabei als wichtiger Faktor der »Work-Life-Balance« entscheidend auf das Glücksempfinden aus.[61] Bei der Frage nach dem glücklichen Leben spielt das Mobilitätsverhalten offensichtlich eine große Rolle – und wirft damit noch einmal ein besonderes Licht auf die in diesem Handbuch dargestellten Anregungen für eine Veränderung der eigenen Mobilität.

Einige machen sich schon Gedanken darüber, welchen Maßstab für gutes Leben man zukünftig statt des BIP verwenden könnte: Für den »Happy Planet Index« untersucht die britische »New Economics Foundation« weltweit, wie glücklich und wie nachhaltig die Menschen leben. Als Maßstäbe, die nach Meinung der Autoren das Lebensglück sehr viel besser widerspiegeln als das Bruttoinlandsprodukt, werden die Lebenserwartung, die Zufriedenheit mit dem Leben und ein niedriger ökologischer Fußabdruck, also geringe ökologische Schäden durch den eigenen Lebensstil, herangezogen. Auch die Ungleichheit im Land wird in die Betrachtung mit einbezogen. Dieses Ranking fördert Erstaunliches zutage: So finden sich sämtliche Länder des globalen Nordens nur im oberen Mittelfeld – auch die Schweiz (Platz 30 von 151), Österreich (Platz 42) und Deutschland (Platz 43). Die USA als eines der reichsten Länder schaffen es sogar nur ins unterste Drittel (Platz 104 von 151). Den höchsten »Happy Planet Index Score« schafft Costa Rica – mit sehr zufriedenen Menschen, der zweithöchsten Lebenserwartung ganz Amerikas und einem vergleichsweise geringen ökologischen Fußabdruck. Auch sonst finden sich an der Spitze dieses Index viele Länder des globalen Südens, in denen wir sonst nicht gerade Wohlstand in unserem Sinne vermuten. Damit zeigt der »Happy Planet Index«: Es ist möglich, ein langes, glückliches Leben mit einem sehr viel geringeren ökologischen Fußabdruck zu führen als wir dies in Mitteleuropa schaffen.[62]

Beim Verkehr zeigt sich besonders anschaulich, dass ein fortgesetztes Wachstum weder möglich noch wünschenswert ist. Mehr Verkehr verschlechtert das Leben in den meisten Fällen anstatt es zu verbessern. Seine Belastungen für Mensch und Umwelt wiegen inzwischen meist schwerer als die vermeintlichen Vorteile. Und es ist überdies mehr als zweifelhaft, dass zusätzlicher Verkehr uns wirklich mobiler macht, wenn zwar die zurückgelegten Strecken immer weiter werden, wir dabei aber nicht mehr Zielorte erreichen als vor einigen Jahrzehnten, als wir noch deutlich weniger unterwegs waren (siehe dazu Kapitel 1.2). Verkehr kann kein Selbstzweck sein, sondern letztlich ist Verkehr nichts weiter als ein Abfallprodukt unserer Mobilität.[63] Und so wie wir in anderen Bereichen immer stärker versuchen, Abfall zu vermeiden, so müssen wir auch versuchen, unsere Mobilitätsbedürfnisse mit möglichst wenig Verkehr zu bewerkstelligen. Das klingt für die meisten Verkehrspolitiker[64], für die Verkehrswachstum immer noch unhinterfragt als politisches Ziel gilt, absurd. Die Unterscheidung von Mobilität und Verkehr muss erst noch in viele Köpfe einsickern – und damit die Erkenntnis, dass eine Verkehrswende, also die Verlagerung von Verkehr auf schonendere Verkehrsmittel, nur ein Schritt in die richtige Richtung ist. Vor allem benötigen wir eine *Mobilitätswende*[65], die statt des Verkehrs die Mobilitätsbedürfnisse der Menschen in den Mittelpunkt stellt. Es muss immer abgewogen werden, wie sich diese Bedürfnisse am schonendsten befriedigen lassen, und dazu gehört viel mehr als Verkehrspolitik: Es muss um Strukturpolitik gehen, um die gebauten Strukturen im Sinne von weniger Verkehr zu verändern. Es muss um Wirtschaftspolitik gehen, um die ökonomischen Verflechtungen zu verändern und die Wirtschaftskreisläufe wieder stärker zu regionalisieren. Und es muss um Sozialpolitik gehen, die allen Menschen gleichermaßen eine schonende Mobilität ermöglicht.

Die individuellen Verhaltensänderungen, wie sie in diesem Buch vorgeschlagen werden, sind für die heutige Situation sinnvolle und notwendige Schritte. Jeder Kilometer, der weniger mit dem Auto gefahren oder mit dem Flugzeug geflogen wird, ist ein Schritt in die richtige Richtung und kann darüber hinaus auch andere Menschen zu ähnlichen Schritten animieren. Aber es ist Aufgabe der Politik, diese individuellen Entscheidungen zu begünstigen und massentauglich zu machen statt sie zu erschweren. An vielen Stellen, wo Alternativen nicht mehr vorhanden sind, müssen diese individuellen Verhaltensänderungen auch überhaupt erst ermöglicht werden – etwa durch ein entsprechendes Angebot des öffentlichen Verkehrs.

Nur wenn die in diesem letzten Kapitel skizzierten politischen Veränderungen und die individuellen Veränderungen zusammenkommen, ist es möglich, die größten Herausforderungen unserer Zeit – Klimawandel und globale Gerechtigkeit – zu meistern. Aber vor den Veränderungen sollten wir keine Angst haben sondern uns auf ein anderes – auch weniger autobasiertes – Leben freuen, das viele neue Möglichkeiten eröffnet.

Anmerkungen

1. Umweltbewusstsein in Deutschland 2014 – Ergebnisse einer repräsentativen Bevölkerungsumfrage. Dessau-Roßlau (Umweltbundesamt) 2015; Seite 35.

2. Aktuelle Zahlen dazu finden sich in der lesenswerten Studie: Umweltbewusstsein in Deutschland 2014 – Ergebnisse einer repräsentativen Bevölkerungsumfrage. Dessau-Roßlau (Umweltbundesamt) 2015; Seite 43.

3. Zum »Land Grabbing« ist das folgende Buch lesenswert: Evelyn Bahn und Timo Kaphengst: Land Grabbing, der globale Wettlauf um Agrarland. Hamburg (VSA-Verlag) 2012.

4. Zu den Problemen von Agrokraftstoffen und Elektroautos finden sich im Buch des gleichen Autors noch sehr viel detailliertere Informationen, Statistiken und Grafiken: Bernhard Knierim: Essen im Tank. Wien (Promedia) 2013. Kapitel 2.

5. Spätestens nach dem Anschlag von Nizza, in dem ein Attentäter mit einem Lkw am 14.7.2016 durch eine Menschenmenge raste und 84 Menschen tötete, ist diese Rechtsauffassung des Verfassungsgerichts höchst fragwürdig. Der Autokritiker Klaus Gietinger übersetzt die StVO in Anbetracht der knapp 4000 Toten auf deutschen Straßen pro Jahr sogar als »SerienTötungsVerOrdnung« und listet in seinem »Autohasserbuch« eine Menge von Gerichtsurteilen auf, die das Missverhältnis zwischen Tötungsdelikten mit und ohne Auto illustrieren. Klaus Gietinger: Totalschaden – Das Autohasserbuch. Frankfurt/Main (Westend Verlag) 2012, Kapitel 8.

6. Österreich und die Schweiz haben etwas andere Regelungen als Deutschland, für das diese Kritik vorwiegend gilt: In Österreich werden Parksünder seit 2013 mit 20 bis 90 Euro zur Kasse gebeten, in der Schweiz mit 40 bis 120 Franken.

7. In der Berliner Haftanstalt Tegel sitzt Medienberichten zufolge etwa ein Drittel der Insassen wegen wiederholter »Beförderungserschleichung« ein, weil sie die Geldstrafen nicht zahlen können – was den Staat nicht zuletzt eine Menge Geld kostet.

8. Die Stadtstaaten Berlin und Hamburg haben die Kfz-Stellplatzpflicht inzwischen abgeschafft, und in Baden-Württemberg kann immerhin ein Teil der Kfz-Stellplätze durch Fahrradstellplätze ersetzt werden – mit dem »Wechselkurs«, dass vier Fahrradplätze einen Autoplatz ersetzen können.

9. Die 60 Prozent Fußgänger zur Arbeit wurden für Großbritannien ermittelt, dürften aber in anderen europäischen Ländern ähnlich gelten. Systematisch wurde der Arbeitsweg in der folgenden Studie untersucht: Colin G. Pooley & Jean Tumbull: The Journey to work: a century of change. In: Area 31/3, 1999, S.

281-292. Lesenswert ist auch der folgende Beitrag: Bernd Gottschalk: Wandel des Lebens durch Mobilität — Das große Glücksversprechen. In: Schwäbisch-Hall-Stiftung (Hrsg.): Kultur des Eigentums. Berlin/Heidelberg (Springer Verlag) 2006, S. 461-465.

10. Quelle der Daten: Robert Follmer, Dana Guschwitz et al.: Mobilität in Deutschland. Bonn und Berlin (Bundesministerium f. Verkehr, Bau und Stadtentwicklung, Infas Institut, Deutsches Zentrum für Luft und Raumfahrt) 2010. Daten für 1929: Dieter Apel, Dietrich Hencke. et al.: Flächen sparen, Verkehr reduzieren — Möglichkeiten zur Steuerung der Siedlungs- und Verkehrsentwicklung. Berlin (Deutsches Institut für Urbanistik) 1995.

11. Quelle der Daten: Verkehr in Zahlen, jährlich herausgegeben vom Bundesministerium für Verkehr und digitale Infrastruktur bzw. dem Bundesministerium für Verkehr, Bau und Stadtentwicklung.

12. Nachzulesen in: Hans Bernhard Reichow: Die autogerechte Stadt – Ein Weg aus dem Verkehrs-Chaos. Ravensburg (Otto-Maier-Verlag) 1959.

13. Zitat aus: Rudolf Hillebrecht: Nachwort zu »Man auf der Straße«. In: Wolfgang Hartenstein und Klaus Liepelt (Hrsg.): Man auf der Straße. Hamburg (Europ. Verlag-Anstalt) 1961.

14. Hermann Knoflacher: Virus Auto. Wien (Ueberreuther) 2013. Seite 128. Das Buch ist für das Verständnis der Autogesellschaft auch sonst eine lohnende Lektüre.

15. Kein Scherz: www.sprayonmud.de

16. http://www.manager-magazin.de/unternehmen/autoindustrie/carsharing-car2go-wird-fruehestens-nach-2016-gewinne-schreiben-a-1003021.html, http://www.carsharing-news.de/drivenow-erreicht-gewinnschwelle/

17. Sehr lesenswert zur Psychologie des Autos ist der folgende Artikel: Bernhard Schlag & Jens Schade: Psychologie des Mobilitätsverhaltens. In: Aus Politik und Zeitgeschichte, 29-30/2007, S. 27-32.

18. Quelle der Daten: TREMOD-Modell des IFEU-Instituts; verwendete Daten vom Umweltbundesamt.

19. Für die energetischen Betrachtungen ist die Studie »Ökologische Folgen von Elektroautos – Ist die staatliche Förderung von Elektro- und Hybridautos sinnvoll?« des Umwelt- und Prognose-Instituts München (2015) eine lehrreiche Quelle.

20. ADAC-Autokosten-Liste 2015, im Internet zu finden unter www.adac.de/_mmm/pdf/autokostenuebersicht_47085.pdf

21. Ivan Illich geht in seinen Betrachtungen immer vom durchschnittlichen amerikanischen Mann aus, aber für Mitteleuropa dürften keine völlig anderen Verhältnisse gelten. Das Konzept findet sich in: Ivan Illich: Die sogenannte Energiekrise

oder die Lähmung der Gesellschaft. Das sozial kritische Quantum der Energie. Reinbek (Rowohlt) 1974.

22. In der Bahn werden durchschnittlich 0,04 Reisende pro eine Milliarde Personen-kilometer durch Unfälle getötet, im Bus 0,18 und im Auto 2,54. Quelle: https://www.allianz-pro-schiene.de/themen/sicherheit/unfallrisiko-im-vergleich/

23. www.autofrei.de/index.php/so-geht-autofrei/autofrei-wohnen/wo-gibt-es-autofreie-wohngebiete

24. siehe zur Geschichte der Stellplatzsatzungen Kapitel 1.2

25. Die Schritte zum autofreien Leben sind hier sehr gut beschrieben: www.autofrei.de/index.php/so-geht-autofrei/richtig-umsteigen

26. www.autofrei.de

27. www.verkehrsclub.ch/unsere-themen/autofrei-leben/

28. Einen guten Überblick hat der ADFC zusammengestellt: http://www.adfc.de/gesundheit/gesund-bleiben/die-effekte-regelmaessigen-radfahrens. Die Langzeit-studie zu den Auswirkungen des regelmäßigen Fahrradfahrens auf die Sterblichkeit ist hier veröffentlicht: http://www.adfc.de/files/2/42/Daenische_Langzeitstudie.pdf

29. Sehr lesenswert zu diesem Thema ist der Artikel des Arztes Peter Seidel, der die Risiken und positiven Gesundheitsauswirkungen des Fahrradfahrens beschriebt und miteinander in Verbindung bringt: https://fahrradzukunft.de/18/gefaehrlich-oder-gesund/

30. Details zu der Codierung finden sich unter http://www.fahrradcodierung.com/

31. http://www.oeamtc.at/portal/carsharing-in-oesterreich+2500+1384763

32. Hinter »Moovel« steckt der Daimler-Konzern, hinter »Quixxit« die Deutsche Bahn AG. Beide nehmen aber für sich in Anspruch, die eigenen Produkte bei der Auswahl nicht zu bevorzugen.

33. www.openstreetmap.de, www.openstreetmap.at oder www.openstreetmap.ch aufrufen und rechts als »Grundkarte« bzw. bei »Ebenen« die Radfahrkarte (CycleMap) auswählen

34. Verkehrsclub Deutschland/Österreich/Schweiz (VCD, VCÖ, VCS) sowie die ProBahn-Verbände in allen drei Ländern oder der Deutsche Bahnkundenverband DBV sowie lokale Fahrgastverbände. Webadressen zu den großen Verbänden sind unter »Weiterlesen« zu finden.

35. lastenrad.vcd.org/marktuebersicht/vcd-lastenrad-datenbank/datenbank/

36. Das Umweltbundesamt testet Trinkwasser in Deutschland regelmäßig und findet nur in sehr seltenen Fällen Überschreitungen von Grenzwerten. Weitere Informationen zum Thema sind hier zu finden: www.umweltbundesamt.de/themen/wasser/trinkwasser. Auch ein Test von Stiftung Warentest (Juni 2015) hat keine problematischen Stoffe im Trinkwasser ergeben.

37. Eine grundsätzlichere Kritik des Preissystems der DB AG vom Autor findet sich hier: mobilitaetswen.de/unuebersichtlich-und-intransparent-das-preissystem-der-bahn-benoetigt-einen-neustart/

38. Leider ist auch die Welt der BahnCards in Deutschland etwas unübersichtlich: Die klassische BahnCard 50 halbiert den Preis auf alle Normalpreis- bzw. »Flexpreis«-Tickets um die Hälfte und den Preis auf alle Sparpreistickets um ein Viertel. Die deutlich günstigere BahnCard 25 reduziert alle Preise – »Flexpreis« und Sparpreise – um ein Viertel. Die teurere BahnCard 50 bietet sich deswegen vor allem für Menschen an, die häufig flexibel – also ohne Festlegung auf einen bestimmten Zug – reisen wollen oder müssen. Alle BahnCards sind für die Partnerinnen und Partner übrigens deutlich günstiger erhältlich.

39. Einen ausführlichen Vergleich hat die Züricher Hochschule für Angewandte Wissenschaften im Auftrag des VCD durchgeführt: www.vcd.org/themen/bahn/vcd-bahntest/vcd-bahntest-20142015/. Der VCS kommt in seinem Vergleichstest für europäische Verbindungen auf sehr ähnliche Ergebnisse: www.verkehrsclub.ch/fileadmin/user_upload/zuegig_europa/Magazin_Juni_14_Vergleich_Zug_Flug_v2.pdf

40. Zum Thema Nachtzüge ist im Juni 2016 ein Extraheft der Zeitschrift »Lunapark 21« erschienen, in dem mit dem »LunaLiner« auch ein Konzept für ein neues europäisches Nachtzugnetz mit vielen Direktverbindungen präsentiert wird: www.bahn-fuer-alle.de/pages/bestandsaufnahme/lunaliner.php

41. Details zu den Fahrgastrechten (in Deutschland) und zur Geltendmachung von Entschädigungen finden sich auf der Website www.fahrgastrechte.info/

42. www.vcd.org/fileadmin/user_upload/Redaktion/Publikationsdatenbank/Tourismus/VCD_Leitfaden_Geschaeftsreisen_2008.pdf

43. Weitere Informationen zum ICE-Sprinter sind hier zu finden: www.bahn.de/p/view/angebot/fernverkehrsmittel/ice_sprinter.shtml.

44. www.oebb.at/de/leistungen-und-services/am-bahnhof/zipcar-Carsharing

45. www.sbb.ch/bahnhof-services/auto-velo/mieten-und-ausleihen/Carsharing.html

46. Die Daten in dieser Tabelle und in dem gesamten Abschnitt stammen aus folgenden Publikationen: Deutschland: Lea Köder, Andreas Burger & Frauke Eckermann. Umweltschädliche Subventionen in Deutschland – Aktualisierte Ausgabe 2014. Dessau-Roßlau (Umweltbundesamt) 2014. Österreich: Studie des Wifo

(Wirtschaftsforschungsinstitut) im Auftrag des Klima- und Energiefonds (KliEn), Februar 2016.

47. Der Aspekt der Dienstwagen wurde in Kapitel 2.6 näher beleuchtet.

48. http://derstandard.at/2000035824632/Deutsches-E-Auto-Paket-4-000-Euro-Praemie-moeglich

49. Die Zahlen für die externen Kosten wurden zuletzt für das Jahr 2005 ermittelt. Die Berechnung ist in der folgenden Publikation dokumentiert: Christoph Schreyer, Markus Maibach, Daniel Sutter, Claus Doll & Peter Bickel: Externe Kosten des Verkehrs in Deutschland – Aufdatierung 2005. Zürich (Infras) 2007.

50. Daten nach: Daten zum Verkehr, Ausgabe 2012. Dessau-Roßlau (Umweltbundesamt) 2012.

51. Eine Studie aus Kalifornien belegte beispielsweise, dass eine Anhebung der dortigen Begrenzung um 10 Meilen pro Stunde auf dann – für deutsche Verhältnisse immer noch langsame – 120 bis 130 km/h bereits zu 9 bis 15 Prozent mehr Unfällen, bis zu 60 Prozent mehr tödlichen Unfällen, um bis zu 25 Prozent höhere Schadstoffkonzentrationen und zu einem Anstieg der Säuglingssterblichkeit in den Wohngebieten an den Autobahnen um 9 Prozent führte. Quelle: Arthur van Benthem: Do We Need Speed Limits on Freeways? Stanford (Stanford University) 2011.

52. Zitat nach: Greenpeace-Magazin 05/2007.

53. Zum Zeitpunkt der Drucklegung befand sich der sog. »Bundesverkehrswegeplan 2030« noch in der Diskussion, doch auch hier war die Fortsetzung der Investitionspolitik einseitig zugunsten des Straßenverkehrs schon absehbar – was sogar das Bundesumweltministerium der gleichen Regierung kritisierte. Die Dokumente zum BVWP sind hier zu finden: http://www.bmvi.de/DE/VerkehrUndMobilitaet/Verkehrspolitik/Verkehrsinfrastruktur/Bundesverkehrswegeplan2030/Inhalte-Herunterladen/inhalte_node.html

54. Zur Misere der Bahn ist das folgende Buch des gleichen Autors lesenswert: Bernhard Knierim und Winfried Wolf: Bitte umsteigen! 20 Jahre Bahnreform. Stuttgart (Schmetterling-Verlag) 2013.

55. Modal Split (2013) der Bahn im Personenverkehr in Deutschland: 8,4%; Österreich: 12,2%; Schweiz: 16,9%. Modal Split (2013) der Bahn im Güterverkehr in Deutschland: 18,8%, Österreich: 33,3%; Schweiz: 36,2%. Quelle: European Commission: EU Transport in Figures. Luxembourg (Publication Office of the European Union) 2015; Eurostat.

56. Der Lobbyismus im Verkehrsbereich ist im Buch »Essen im Tank« des gleichen Autors (Promedia-Verlag 2013) in Kapitel 4 ausführlich beschrieben. Außerdem lesenswert zu dem Thema ist das »Schwarzbuch Autolobby« (Greenpeace 2016),

Download unter https://www.greenpeace.de/sites/www.greenpeace.de/files/
publications/s01841_web_greenpeace_schwarzbuch_autolobby_04_16.pdf

57. Eine umfassende Untersuchung der Konsequenzen des »Idaho Stop« ist hier zu finden: Meggs, Jason N. (2010): Bicycle Safety and Choice: Compounded Public Cobenefits of the Idaho Law Relaxing Stop Requirements for Cycling.

58. Das Buch ist 2006 aktualisiert erschienen: Donella Meadows, Jorgen Randers & Dennis Meadows. Grenzen des Wachstums – Das 30-Jahre-Update, Signal zum Kurswechsel. Leipzig / Stuttgart (Hirzel Verlag) 2006.

59. Das Zitat stammt aus dem Artikel: Nico Paech: Vom grünen Wachstumsmythos zur Postwachstumsökonomie. In: H. Welzer und K. Wiegandt (Hrsg.). Perspektiven einer nachhaltigen Entwicklung. Frankfurt/Main (Fischer Verlag) 2011.

60. Diese Zahlen stammen aus dem folgenden Buch, das nicht nur zum Zusammenhang zwischen Wohlstand und Glück sehr lesenswert ist, sondern auch viele gute Vorschläge für eine nachhaltigere Gesellschaft enthält: Brot für die Welt, Evangelischer Entwicklungsdienst & BUND: Zukunftsfähiges Deutschland in einer globalisierten Welt – ein Anstoß zur gesellschaftlichen Debatte. Frankfurt am Main (Fischer Taschenbuch Verlag) 2010.

61. Die Daten stammen aus der folgenden Studie der OECD: How's life? Measuring well-being. Paris (OECD Publishing) 2011. Für die Betrachtungen wurden die Daten verwendet, die auch die Ungleichheit im Land mit einbeziehen.

62. Die Informationen sind der lesenswerten Studie der New Economics Foundation entnommen: Saamah Abdallah, Juliet Michaelson, Sagar Shah, Laura Stoll & Nic Marks: The Happy Planet Index 2012 Report – A global index of sustainable well-being. London (New Economics Foundation) 2012. Die Daten können auch online abgerufen werden: www.happyplenetindex.org

63. Sehr lesenswert dazu ist der folgende Text: Udo Becker, J. Böhmer & Regine Gerike (Hrsg.): Gesellschaftliche Ziele von und für Verkehr. Dresden (Dresdner Institut für Verkehr und Umwelt e.V.) 2008.

64. Die weibliche Form kann hier ganz bewusst weggelassen werden, da nur eine absolute Minderheit in der Verkehrspolitik Frauen sind. Die verkehrspolitischen Debatten werden in der Regel von technikfixierten Männern dominiert. Möglicherweise könnte ein stärkerer weiblicher Einfluss hier durchaus eine andere, fortschrittlichere Sichtweise in die Verkehrspolitik bringen. Siehe dazu auch: Meike Spitzner: Gendermainstreaming und die politische Gestaltung der gesellschaftlichen Naturverhältnisse durch Verkehr – Alte und neue Herausforderung an die deutsche Umweltpolitik. (Manuskript) 2002

65. siehe dazu auch den Internet-Blog des Autors, in dem sich aktuelle Artikel zu dem Themenbereich finden: www.mobilitätswen.de

Index